21세기 CEO의

21세기 CEO의 친구들

초판 1쇄 발행 2007년 10월 15일
2쇄 발행 2007년 11월 15일

지은이 조병호
펴낸곳 도서출판 땅에쓰신글씨
편집 김지혜 문지희 | **디자인** 전민영
서예 소금 박재현
주소 서울시 서초구 서초동 1628-25 서호빌딩 1층
전화 02)525-7794 | **팩스** 02)587-7794
홈페이지 www.hanshi.or.kr
등록 제21-503호(1993.10.28)
ISBN 978-89-85738-53-8 03230

도서출판 땅에쓰신글씨 는
하나님의 마음을 헤아리고자 하는 사람들에게 성경통독을 안내하고, 하나님 앞으로
첫걸음을 내딛는 사람들을 신앙계승자로 초대하며, 아직 하나님을 모르는 이웃들에
게 기쁨실천으로 다가가고자 일합니다. 문서선교의 소명을 가슴에 품고 들러리의 기
쁨을 누리며, 복음이 땅끝까지 전해지는 그날까지 정성껏·최선을 다하겠습니다.

성경에서 만난 위대한 CEO의 곁에는
언제나 그들이 있었다!

21세기 CEO의 친구들

조병호 지음

땅에쓰신글씨

아브라함이나 모세, 다윗 그리고 사도 바울 같은 사람들은 시대를 경영했던 최고의 CEO들입니다. 그런데 그런 위대한 CEO 곁에는 언제나 양지녘 가랑잎에 숨겨진 보물 같은 사람들이 함께했습니다. 거목에 가려서 큰 빛을 발하고 있지는 않지만, 한 그루 한 그루가 각각 아름답고 소중한 나무 같은 사람들입니다. 거목과 더불어 이런 나무들이 모여 이루어진 성경의 울창한 숲은 우리에게 신선한 산소를 공급해줍니다.

주인의 깊은 속마음을 헤아리며 진정 충성스런 삶을 살았던 종 엘리에셀. 믿음의 가정을 아름답게 가꾸는 데에 보이지 않는 수고를 아끼지 않았던 여인 사라. 낙타무릎의 기도로 시대를 바꿔내는 지도자를 길러냈던 어머니 한나… 이처럼 꼭 만나서 사귀어볼 성경 속 CEO의 친구들이 성경의 숲 이곳저곳에 여러 나무들로 서 있습니다.

요즘 사회적으로 이름 있는 CEO들이 우리에게 시간을 내주기를 기대하기는 쉽지 않습니다. 그러나 우리가 조금만 시간을 내서 성경을 펴고, 그 속으로 들어가 믿음의 눈으로 노크를 한다면 정말 위대한 하나님의 CEO들과 그의 친구들은 기꺼이 우리를 만나줍니다. 성경을 펴서 하나님의 사람들을 만날 수 있음이 복입니다. 언제든 어디서든 내가 찾아가기만 하면 기꺼이 나에게 시간을 내주는 신앙의 선배들, 그 하나님의 사람들과의 미팅은 정말 행복한 일입니다. 그들의 오피스에서 실행했던 많은 프로젝트들을 검토할 수도 있고, 전인격적으로 만나서 진솔한 대화를 나누며 그들의 경험을 공유할 수 있다는 것은 21세기를 역동적으로 살고픈 그리스도인들에게 더할 나위 없이 좋은 기회입니다.

그렇게 하나님의 사람들을 나의 친구로 삼고 그들의 삶의 방식을 21세기의 삶의 방식으로 받아들인다면, 우리의 21세기는 희망적입니다. 그것이 '성경이 이끄는 삶'이기 때문입니다. 자, 이제 맑은 산소가 가득한 성경의 숲 속으로 성큼 걸어 들어가, 하나님의 오피스에 수시로 드나드는 CEO의 친구들과 멋진 교제를 가져보지 않으시겠습니까?

CEO 곁의 멋진 친구들을 널리 소개하고픈 소망으로

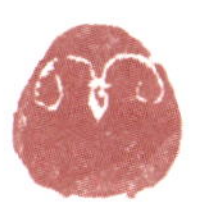

나를 만류하지 마옵소서
여호와께서 내게
형통한 길을 주셨으니
나를 보내어
내 주인에게로
돌아가게 하소서

창세기 이십사장 오십육절
말씀을 섬깁니다

나를 만류하지 마소서
여호와께서 내게 형통한 길을 주셨으니
나를 보내어 내 주인에게로 돌아가게 하소서
- 창세기 24장 56절

CEO의 마음을 헤아린
다메섹 엘리에셀

성경 속의 위대한 CEO(chief executive officer: 최고경영자)와 함께했던 스태프(Staff: 직원)들 중에는 사회적 지위는 그리 높지 않지만, 생각도 깊고 실력도 탁월하며 그릇도 컸던 사람들이 종종 있습니다. 먼저 하나님의 종이 되기를 원하는 분들께, '종의 개론서' 1장의 주인공이 될 만한 모범적인 종을 소개하려고 합니다.

오피스(Office: 사무실)에는 CEO만 필요한 것이 아닙니다. CEO를 도와주는 여러 스태프가 반드시 필요합니다. 지금 소개해드릴 이 사람은 비록 사회적 신분은 종이었지만, CEO의 깊은 속마음을 헤아리며, 적극적으로 CEO의 든든한 친구가 되어준 믿음직한 사람입니다.

다메섹 사람 엘리에셀. 그는 아브라함 집의 많은 스태프들 중에서 그의 CEO인 아브라함을 가장 충성스럽게 섬긴 사람이며, 가장 믿음직하고 실력 있는 사람이었습니다. 당시 근동에서는 기업을 물려줄 자식이 없는 경우, 뛰어난 스태프 중에서 차기 CEO를 정하는 것이 일반적인 관례였는데, 아브라함이 그를 얼마나 신뢰했던지, 이삭이 태어나기 전에는 엘리에셀을 자신의 후임 CEO로까지 삼으려 했을 정도입니다.

엘리에셀은 그만큼 아브라함과 다른 모든 스태프들에게 인정받을 만한 실력을 갖추고 있었고, 무엇보다 충성스러운 사람이었습니다. 엘리에셀은 아브라함으로부터 큰 신뢰를 받았던 사람이고, 그랬기에 아브라함 오피스의 중요한 일은 엘리에셀을 통해서 기안이 작성되고 실행되었습니다. 큰 틀에서 보면, 하나님의 큰 계획의 주인공인 아브라함을 도운 중요한 친구라 할 수 있겠습니다.

그는 그의 CEO아브라함이 걷는 믿음의 여정에 동행하면서, 자신이 할 수 있는 최선의 협력과 동역을 묵묵히 그리고 성과 있게 해냈습니다. 또한 엘리에셀은 하나님의 사람 아브라함 곁에서 살면서, 자신의 CEO가 믿는 살아계신 하나님을 자신의 하나님으로 함께 섬길 수 있는 귀한 은혜를 입었습니다.

이제, CEO의 마음을 이보다 더 잘 헤아리는 스태프가 또 어디 있을까 싶을 만큼 충성스러웠던 엘리에셀의 삶의 한 장면을 보기 위해 아브라함의 오피스로 가보겠습니다.

CEO아브라함이 나이가 많이 들었을 때의 일입니다. 갈대아 우르에서 가나안까지, 직선거리로 1800km나 되는 그 먼 길을 오직 믿음으로 여행했던, 실로 대단한 동선(動線)의 사람 아브라함의 인생도 노년에 접어들었습니다. 아브라함 집의 전체 재정을 맡고 있던 엘리에셀은 어느 날, 아브라함의 부름을 받아 아브라함의 오피스로 들어갑니다. 그리고 아브라함으로부터 먼 하란 땅으로 가서 아브라함의 아들 이삭의 아내를 구해오라는 중대한 프로젝트를 위임받게 됩니다. 맡은 일의 한계를 정확히 묻고 CEO의 속뜻을 충분히 헤아린 엘리에셀은 곧 짐을 꾸리고 출장길에 오릅니다. 엘리에셀이 CEO아브라함의 마음을 품고 이삭의 아내를 구하러 떠나는 이 먼 길은 엘리에셀에게 있어서 충성의 시간이었습니다.

긴 여행 끝에 하란에 도착한 엘리에셀은 도착하자마자 그의 CEO에게 배운 대로 먼저 하늘의 하나님께 기도합니다. 하나님께서 자신의 길을 인도하여 주실 것을 구하는 그의 기도의 내용이 정말 수준 높은 것을 볼 수 있습니다. 그는 자신의 CEO를 위해 중보기도를 드리며, 차기 CEO이삭의 내조를 맡을 안주인을 선택하는 기준을 정하는데, 다음 아니라 '나그네를 대접할 줄 아는 여인'을 그 기준으로 합니다. 또한 나그네가 타고 온 낙타의 목마름까지도 헤아릴 줄 아는 여인을 만나게 해달라고 기도합니다.

엘리에셀의 기도만큼 빨리 응답되는 기도를 보기가 쉽지 않습니다. 그가 기도를 채 마치기도 전에 그의 기도가 응답된 것을 볼 수 있습니다. 한 여인이 물 항아리를 메고 다가오고 있었던 것입니다. 그만큼 엘리에셀의 기도는 하나님을 기쁘시게 한 기도였습니다.

기도의 응답으로 만난 여인은 나그네의 목마름은 물론, 말 못하는 짐승들의 목마름까지도 헤아리고 배려할 줄 아는, 마음 따뜻한 여인 리브가였습니다. 신중하게 리브가를 지켜보던 엘리에셀은 리브가를 만나서 일이 순적하게 되는 것이 하나님의 인도하심임을 확신하게 됩니다. 하나님의 도우심과 엘리에셀의 탁월한 일처리 능력으로 이 프로젝트는 생각 이상으로 속도를 내기 시작합니다. 그는 리브가가 차기 CEO의 안주인으로 가장 적합하다는 확신이 서자, 리브가의 집을 방문하고 집안 어른들과 공식적인 미팅(meeting)을 가집니다.

리브가의 부모님과 만나 자신의 주인 아브라함에 대해, 그리고 자신이 온 목적에 대해 프레젠테이션(presentation)하며, 이 결혼을 성사시키기 위한 순차들을 밟아가는 엘리에셀의 모습은 가히 최고라고 할 만합니다.

엘리에셀 : "Deal!"

리브가의 가족들 : "Deal!"

그리고 서로 악수하고 포옹.

- 가끔 외국영화에서 중요한 거래가 성사될 때 볼 수 있는 멋진 장면

리브가의 집안에서 기꺼이 딸 리브가를 아브라함 댁으로 시집보내기로 결정했습니다. 먼 곳으로 갑자기 딸을 시집보내게 된 리브가 집안 사람들은 기쁜 마음과 아울러 몹시 분주해졌겠지요.

그런데 다음날 이른 아침, 당황스러운 일이 벌어집니다. 엘리에셀이 지금 바로 떠나겠다면서 미처 다 풀어놓지도 않은 여장을 다시 꾸리고 있는 것입니다. 리브가의 가족들은 최소한 열흘만이라도 있다가 떠나라고 부탁했습니다. 그도 그럴 것이, 십 수 년 이상 함께 살아온 딸이요 오누이가 갑작스런 청혼을 받고 혼례를 올리러 꽤나 먼 땅으로 가게 생겼으니 좋으면서도 섭섭한 마음이 크지 않겠습니까. 그런데 엘리에셀은 떠나겠다는 결심을 바꾸지 않습니다.

그가 가족들의 아쉬운 마음조차 이해해주지 못하는 사람이라고 판단한다면 그것은 엘리에셀에 대한 실례입니다. 게다가 당시 엘리에셀의 나이도 꽤 많은 편이니, 그도 긴 여행이 무척 피곤하고 쉬고 싶은 마음이 간절했을 것입니다. 그리고 리브가의 가족들은 사랑하는 딸이자 누

이동생을 이제부터 엘리에셀의 손에 맡겨야 하는 입장이니, 머무르기만 한다면 그 기간 동안 최고의 대접을 해줄 것은 당연한 일입니다. 그런데 엘리에셀은 자신이 좋은 소식을 가지고 돌아오기를 기다리고 있을 그의 CEO아브라함에 대한 생각을 잠시도 쉬지 않았던 것입니다. 그래서 결혼에 대한 결정이 끝난 다음날 아침, 곧바로 떠나겠다는 더 중요한 결정을 내린 것입니다. 아무도 그를 막을 수 없습니다. 결국 그는 하란에 도착한 바로 다음날 아침, 차기 CEO의 안주인이 될 리브가와 함께 그 수고로운 여행길을 다시 출발하여 아브라함 집으로 되돌아옵니다.

이 일로 아브라함이 얼마나 기뻐했을지 짐작이 가십니까? 엘리에셀. 그는 아브라함의 기쁨을 자신의 기쁨으로 여겼습니다. 엘리에셀은 아브라함의 기뻐하는 모습을 기뻐하는 사람이었습니다. 엘리에셀은 CEO가 시키는 일만 하는 수동적인 스태프의 자리에 자기 자신을 두지 않았습니다. 보다 적극적으로 CEO의 마음을 헤아리고, 더 나아가 친구의 자리에까지 갈 수 있었던 사람입니다.

'충성'이라는 말의 참 뜻을 아십니까? 충성을 모르는 사람은 리더십이 무엇인지도 제대로 알 수 없습니다. 믿음의 조상 아브라함에게 이렇게 충성스러운 종이 있었기에 그는 그의 사명을 좀 더 기쁘고 풍성하게 수행할 수 있었습니다.

"저는 하나님의 종입니다."라고 말하는 사람들이 많습니다. 그러나 성경에서 하나님께서 공식적으로 '나의 종'이라고 말씀해 주신 경우는 '나의 종 모세' '나의 종 다윗' 정도입니다. 21세기에 하나님의 종으로 살기를 원하십니까? 아브라함의 종 엘리에셀에게서 배우기를 추천합니다. 하나님의 종은 하나님의 마음을 헤아려야 합니다. 하나님의 마음을 제대로 헤아리기 위해서는 하나님의 말씀인 성경을 붙들어야 합니다. 성경을 통해서 하나님의 사람들을 만나는 것이 큰 복입니다.

충성된 사자는 그를 보낸 이에게 마치 추수하는 날에
얼음냉수 같아서 능히 그 주인의 마음을 시원하게 하느니라
- 잠언 25장 13절

하나님이
나를
웃게하시니
듣는자가
나와함께
웃으리로다

창세기 이십일장
륙절 말씀에서
이천칠년
소금

하나님이 나를 웃게 하시니
듣는 자가 다 나와 함께 웃으리로다
– 창세기 21장 6절

CEO를 내조한 사라

"여러분이 그토록 아끼고 좋아하는 로라가 백악관에 4년 더 머무르도록 한 번 더 제게 투표해 주십시오." 이 말은 미국 대통령 부시가 재선 선거 때 했던 말입니다. 자신에 대한 지지보다 자신의 아내 로라의 부드러운 내조가 미국 유권자들의 마음을 더 사로잡고 있었기 때문입니다. 초등학교 교사와 도서관 사서로 일했던 부시의 아내 로라는 언제나 유머를 잃지 않고 솔직하며 많은 사람들을 편안하게 해주어서 하락하는 부시의 인기를 올려주는 데 늘 큰 몫을 담당한다고 하니, 21세기 선진사회라 하는 미국에서도 아내의 내조는 CEO에게 중요한 것 같습니다.

성경에서 만날 수 있는 유명한 CEO 가운데 정말 머리 좋고 똑똑했던 한 사람이 『잠언』이라는 책을 남겼는데, 그 책에서 그는 "다투는 여인과 함께 큰 집에서 사는 것보다 움막에서 혼자 사는 것이 나으니라."라고 말했습니다. 옳은 말입니다. 지혜롭고 현숙한 아내는 남편에게 큰 기쁨입니다. 아무리 재물이 많고 사회적으로 성공한 사람이라 할지라도, 집안에 늘 다툼이 있다면 결코 행복하다고 말할 수 없을 것입니다. 그런 면에서, 믿음의 조상이라 불리는 CEO아브라함의 아내 사라는 남편이 정말 편안하게 큰일을 할 수 있도록 내조를 아끼지 않았던 좋은 파트너였습니다. CEO의 아내로서 한 가지 약점(?)이 있었다면 너무 예뻤던 것이 약간의 문제였지만요.

아브라함과 그의 아내 사라가 살고 있던 곳은 당시 문명이 발달해 있기로 유명했던 고대 근동의 도시 우르였습니다. 그 당시 문명이 발달했던 곳들은 우리가 현재 상상하고 있는 그 이상입니다. 당시인 B.C.2000년경의 기록을 보면 그리스에는 이미 석조건물이 지어져 있었다고 합니다. 그런데 그리스는 이집트 문명이나 메소포타미아 문명에 비하면 덜 발달해 있었다고 하니, 메소포타미아 문명의 도시 우르에는 상당히 세련된 문화가 이미 꽃피고 있었음이 틀림없습니다.

그런데 어느 날, 사라의 남편 아브라함은 하나님의 말씀에 따라 그 쾌적한 곳을 떠나 여행을 하며 하나님께서 정해주시는 곳에 새 삶의 터전을 잡겠다고 합니다. 보통 아내 같으면 이런 의견을 받아들이기가 쉽지 않았을 것입니다. 그런데 사라는 불평 없이 남편의 권위를 세워주며 존중하고 따릅니다.

그리고 결국엔 하란을 거쳐 가나안까지 와서 정착하는데, 가나안은 우르나 하란과는 비교할 수도 없을 만큼 문명의 수준이 뒤떨어져 있어서, 우르를 경험한 안주인으로서는 살림하기가 무척 불편했을 것입니다. 또한 이방인으로 살아야 했고 낯선 곳에서 적응하기도 만만치 않았을 것입니다. 그러나 사라의 남편 아브라함은 아내의 신뢰를 받기에 충분할 만큼 믿음직한 사람이었고, 이사하는 곳마다 먼저 하나님께 예배하는 신실한 믿음의 사람이었기에 이렇게 근본적인 삶의 장소를 옮겨 나그네 삶을 사는 것, 남들이 하지 않는 비범한 행동도 가족들의 지지를 받을 수 있었습니다. 이런 아브라함과 살면서 하나님에 대한 사라의 믿음도 점점 자라고 있었습니다.

가나안에서 아브라함은 하나님의 크신 은혜를 입어, 많은 종들을 거느린 큰 부자가 되었습니다. 전쟁을 수행할 만큼 잘 훈련된 스태프만 해도 318명이나 될 정도로, 대단한 CEO가 된 것입니다. 이제 CEO의 아내로서 사라의 내조도 그 스케일이 무척 커져야만 했습니다. 아브라함의 오피스는 늘 손님들로 북적거렸습니다. 사라의 남편 아브라함은 유난히도 손님 대접하기를 좋아했기에, 그 집은 매일 잔치 집만큼 요리를 해야 했고, 그만큼 살림도 규모를 갖추어야 했습니다. 사라는 아브라함의 스케일에 맞추어 가정 일들을 책임져야 했고, 그 집의 많은 종들과의 좋은 관계를 위하여 세심한 배려를 아끼지 않아야 했습니다.

한편, 갈대아 우르에서 가나안으로 떠나올 때, 아브라함은 자신의 조카인 롯도 함께 데리고 왔습니다. 자식이 없었던 그들은 롯을 마치 아들처럼 사랑했습니다. 그런데 가나안에 정착한 후 롯이 결혼하고 가문을 이루어 큰 부자가 된 후에는 재산 때문에 두 가족이 한 곳에 모여 살 수 없게 됩니다.

아버지를 일찍 여의고 큰아버지를 따라온 롯이 그처럼 장가도 들고 큰 재산도 가질 수 있게 된 것은 누가 뭐래도 아브라함의 돌봄 덕분이었습니다. 그런데 재산분쟁이 생긴 것, 그리고 아브라함이 땅을 먼저 선택하라고 하자 좋은 땅을 선택하고 가버린 것을 볼 때, 롯의 인격은 그다지 성숙하지 못했던 것으로 보입니다.

그런데 이때, 자신의 남편과 롯 사이에서 일어난 이런 사건들 가운데, 사라가 불평했다는 기록은 어디에서도 찾아볼 수 없습니다. 롯에 대한 섭섭함의 표현을 한마디도 하지 않았던 것입니다. 사라의 행동이 얼마나 사려 깊고, 그 인격이 얼마나 고상했는지를 충분히 짐작할 수 있는 대목입니다.

믿음의 조상 아브라함은 가나안에서 하나님의 사람으로 든든히 뿌리를 내리기 위해 노력했습니다. 그러던 중 그때에 가나안 북쪽의 4개 도시연합군과 사해 부근의 5개 도시연합군 간의 큰 전쟁이 일어났는데, 가나안 북쪽 4명의 왕들이 승리한 후에 소돔과 고모라에 살고 있던 아브라함의 조카 롯과 그의 가족들을 노예로 끌고 갔으며, 전 재산 역시 노략해 갔다는 소식이 전해졌습니다. 그러자 아브라함은 그 집에서 훈련된 스태프 318명을 데리고 야습을 감행합니다.

B.C.2000년경에 일어난 이 야습은 인류 전쟁사 중 최초의 야간 전쟁이었으리라 짐작됩니다. B.C.1200년쯤인 사사 시대에 기드온이 300용사와 함께 야습을 감행했었고, 이후 전쟁사에서 보면 야습은 기원전 4, 5세기 그리스와 페르시아 전쟁 때부터나 공식적으로 가능한 전쟁 방식이었기 때문입니다. 이 야습은 실로 대담하고 용감하며 용맹한 작전이었고, 이 야습에 성공함으로써, 아브라함은 롯을 구함은 물론, 가나안 일대에서 아주 중요한 CEO로 자리매김을 하게 됩니다.

그런데 이런 훌륭한 CEO아브라함 가정에도 정말 큰 고민이 하나 있었습니다. 하나님께서 아브라함에게 "너로 인해 큰 민족을 이루겠다." 라는 약속을 주셨는데, 아브라함과 사라 사이에는 아직 단 한 명의 아이도 없었던 것입니다. 남편 아브라함은 하나님의 약속을 기다리자고 말하며 사라를 위로했지만, 아내 사라의 입장에서는 여간 고민스러운 일이 아닐 수 없었습니다. 결국 사라는 아이가 생기지 않는 것이 자신의 문제일까 싶어, 자신의 여종인 애굽 여인 하갈을 통해 가문의 대를 잇는 것이 어떻겠느냐고 남편에게 제안했습니다. 인간적인 방법으로라도 아브라함의 대를 이어야 하지 않을까 생각했던 것입니다. 이 일은 사라에게 정말로 쉽지 않은 결단이었습니다.

하지만 이 일은 하나님께서 원하시는 방법이 아니었습니다. 결과적으로 이 일은 아브라함과 사라, 하갈 모두에게 불행한 결과를 초래합니다. 그만큼 자식이 생기지 않는 문제는 이 가정의 말 못할 큰 고민이었습니다. 하지만 믿음의 사람 아브라함은 끝까지 하나님을 향한 신뢰와 믿음을 놓지 않습니다. 사라 역시, 아브라함의 위로와 격려를 받으며, 또 하나님을 향한 남편의 믿음을 곁에서 지켜보며, 하나님에 대한 믿음을 키워갔습니다.

어느 날, 이 집에 또 손님이 왔습니다. 아브라함은 손님 대접 잘하기로 유명한 사람답게, 지나가던 나그네들을 집으로 초청해 극진히 대접했습니다. 이런 남편과 마음을 같이 하여, 사라는 손님들을 기쁘게 하기 위해 고운 가루로 맛있는 떡을 만들어 상을 차렸습니다. 그런데 그 손님들은 바로 하나님의 천사들이었습니다.

그들이 말하길, 내년 이맘때 이 집에 아들이 있을 것이라고 합니다. 그러나 그 일은 인간의 생각과 상황으로는 이미 불가능한 일이었습니다. 사라의 남편 아브라함의 나이도 많았던 데다, 사라도 이미 폐경기에 접어들었기 때문입니다. 그래서 장막 뒤에서 손님들의 말을 듣게 된 사라는 그만 속으로 웃고 말았습니다. 그러자 하나님의 천사가 "하나님에게는 능치 못한 일이 없는데, 사라가 왜 웃느냐?"라고 말합니다. 그 말을 들은 사라는 "내가 웃지 아니하였나이다."라면서 얼른 얼버무리고 부인합니다. 그런데 사라의 이 웃음은 고대 문헌 중 여인이 웃었다는 최초의 기록이 되었습니다. 세상 어느 경전에도, 그것도 고대에 기록된 글 가운데, 여인의 웃음을 다룬 책은 없습니다. 그러나 아브라함의 아내 사라의 웃음은 성경에 기록될 만큼 중요한 일이었습니다.

사라의 얼굴을 활짝 피게 한 진정한 웃음은 그때로부터 1년 후, 하나님의 말씀대로 사라가 아들 이삭을 낳고 웃은 '웃음'입니다. 이 웃음은 하나님의 전능하심을 찬양하고, 주변 모든 사람들과 함께 기쁨을 나누는 아름다운 웃음이었습니다. 사라가 얼마나 예뻤는지, 그녀의 남편 아브라함은 사라를 탐내는 사람들 손에 죽을까 겁이 나서 남편이 아니라 오라비라고 했던 적도 있습니다. 그런 사라가 하나님의 능력을 힘입어 낳은 아들 이삭으로 인해 그 예쁜 얼굴로 함박웃음을 지었을 때, 아마도 그녀는 이 세상에서 가장 아름다운 여인이었을 것입니다.

사라의 이 웃음과 함께 아브라함, 이삭, 야곱, 요셉으로 이어지는 믿음의 계보가 시작하게 됩니다. 사라에게 참된 기쁨을 안겨준 아들 이삭의 이름 뜻이 '웃음'이라는 것도 참 유쾌한 일입니다. 이삭이 평생 온유하고 착한 성품의 소유자였다는 것은 익히 알려진 사실인데, 아버지 아브라함도 온유한 사람이었긴 하지만, 이삭의 온유하고 착한 성품은 어머니 사라에게서 많이 물려받은 것이리라 짐작됩니다.

그런 이삭이 무럭무럭 자라 어엿한 청소년이 되었을 무렵, 이 가정에서 최대의 사건이 발생합니다. 다름 아닌 '모리아 산 사건'입니다. 모리아 산에서 아브라함이 아들 이삭을 하나님의 명령에 따라 바치려 했을 때, 한참 청소년기 시절을 보내고 있던 이삭이 아버지께 어떠한 반항도 하지 않고 아버지의 생각을 전적으로 존중해주는 놀라운 모습이 펼쳐집니다.

자녀가 아버지에 대한 신뢰를 갖는 데에는 물론 아버지의 평소 인격이 가장 중요하지만, 더불어 어머니의 역할을 빼놓고는 이야기할 수 없습니다. 사라의 평소 가정교육이 아버지에 대한 신뢰를 만들어 왔음을 짐작할 수 있습니다. 이렇게 부자지간에 하나님을 직접적으로 경험하게 한 이 사건은 그 가정의 큰 복이었습니다.

하나님께서는 아브라함이 복의 근원이 될 것이라고 약속해 주셨습니다. 아브라함의 믿음의 삶을 이야기할 때, 그의 아내 사라의 도움을 간과할 수 없습니다. 늘 그림자처럼 곁에서 남편을 위해 기도하며 지지를 아끼지 않았던 아름다운 여인 사라는 CEO아브라함의 좋은 친구였습니다.

유다야 너는
네 형제의 찬송이 될지라

규가 유다를 떠나지 아니하며
통치자의 지팡이가

그 발 사이에서 떠나지 아니하시기를
실로가 오시기까지 이르리니

그에게 모든 백성이 복종하리로다

창세기 사십구장 팔절로 십절 말씀
이천○년 서○월 노금

유다야 너는 네 형제의 찬송이 될지라
규가 유다를 떠나지 아니하며
통치자의 지팡이가 그 발 사이에서 떠나지 아니하기를
실로가 오시기까지 이르리니
그에게 모든 백성이 복종하리로다
- 창세기 49장 8, 10절

CEO를 감동시킨 유다

이번에 소개할 CEO의 친구는 야곱의 넷째아들이며 총리 요셉의 형인 유다입니다.

유다가 세상에 태어나보니, 아버지는 한 분이신데, 어머니는 자신의 생모를 포함해 네 분이나 되었습니다. 특히 안타까운 것은 아버지 야곱이 자신의 친어머니인 레아를 그다지 사랑하지 않는다는 것이었습니다. 아버지 야곱은 다른 어머니인 라헬만을 너무나도 사랑했고, 라헬이 죽은 후로는 라헬이 낳은 요셉과 베냐민을 민망할 정도로 편애하였습니다. 다른 형제들에 비해, 유다는 그릇이 크고 생각이 많은 사람이었습니다. 그러한 유다는 아버지 야곱에 대해 이해하려고 하면 할수록 아버지와 점점 더 멀어져 가는 것 같았습니다. 이는 유다뿐만이 아니라 요셉과 베냐민을 제외한 다른 형제들도 마찬가지였습니다.

당시 옷감에 물을 들이는 것은 매우 어려운 일이었고, 그런 만큼 염색된 옷감은 고가였으며 구하기 어려운 물건 중 하나였습니다. 이때로부터 약 1900년이 지난 로마 제국시대의 원로원 의원들조차도 흰 옷을 입었고, 황제가 보라색 염료로 염색된 옷을 입는 일이 그토록 자랑스러운 일이었다고 하니, 요셉이 살던 당시에 채색 옷을 입는다는 것은 상상하기에도 어려운 일이었습니다.

그런데 어느 날, 그 비싼 채색 옷을 한 벌 사 오신 아버지가 열두 아들 중 요셉에게만 그 옷을 입혀주었습니다. 온 동네가 그 채색 옷에 관한 소식으로 떠들썩했습니다. 유다와 나머지 형제들은 아버지의 이러한 당황스런 처사에 대해 이제는 이해하려는 노력조차도 포기한 상태였습니다. 다만 동생 요셉에 대한 미움만 점점 쌓아가고 있었습니다.

요셉의 열 명의 형들이 세겜에서부터 양떼를 이끌고 멀리 도단까지 갔습니다. 그런데 요셉이 채색 옷을 입고 음식을 가지고 그곳에 나타났습니다. 10명의 형들은 그 상황에서 요셉에 대한 감정을 자제하지 않았습니다. 요셉을 일단 심하게 때리고 구덩이에 던져두었다가 지나가는 미디안 상인들을 통해 먼 나라 애굽에 노예로 팔아버렸습니다. 그리고 이미 갈기갈기 찢어버린 요셉의 채색 옷에 염소의 피를 묻힌 후 아버지에게 가져다 드렸습니다. 요셉이 사나운 들짐승에게 잡아먹힌 줄로 생각한 아버지의 울음소리가 온 집안에 가득했지만, 유다와 나머지 형제들은 그런 아버지의 슬픔을 외면했습니다. 그 후 아버지는 이제 라헬의 또 다른 아들 베냐민을 더욱 편애하기 시작했습니다.

유다는 더 이상 견딜 수가 없어 집을 나왔습니다. 그리고 그는 아버지가 가장 반대하던 일, 즉 가나안 여인과의 혼인을 통해 아들들을 낳았습니다. 큰아들을 결혼시켰는데 그 아들이 하나님 보시기에 악해서 그만 죽고 맙니다. 관습상, 둘째아들을 큰며느리에게 결혼시켜 큰아들의 대를 이어야 했는데, 둘째아들이 이 일을 싫어했습니다. 이 일이 하나님 보시기에 악했기에 둘째아들도 죽고 말았습니다. 두 아들을 잃은 유다는 마지막 남은 셋째아들까지도 혹시 잃게 되지 않을까 두려웠습니다. 그래서 셋째아들 셀라가 아직 장성하지 않았다는 핑계를 대며, 셀라를 며느리에게 주는 일을 자꾸만 뒤로 미루었습니다.

유다의 부인이 죽은 뒤, 유다는 우연히 길에서 만난 한 여인과 함께 하룻밤을 보냈는데, 그 여인은 다름 아니라 변장한 자신의 며느리 다말이었습니다. 유다는 그래서 아들인지 손자인지 하는 쌍둥이를 보게 됩니다.

이 일련의 사건들을 겪으면서, 유다는 자신의 삶을 깊이 되돌아보게 되었습니다. 그에게 남겨진 부끄러움들이 아버지를 기억나게 했습니다. 또한 두 자식을 잃은 자신의 슬픔을 생각해보니, 요셉이 죽었다는 소식을 들었을 때 통곡하던 아버지의 울음소리가 귓전에 되살아났습니다. 고민하면 할수록 결론은 점점 더 확실해졌습니다. 무조건 아버지 곁으로 돌아가야겠다는 생각이 든 것입니다. 아버지는 아직도 여전하십니다. 예전과 달라진 것이 없습니다. 그런데 아버지를 바라보는 유다의 마음이 변했습니다. 이제 아버지의 모습은 지켜만 봐도 좋았습니다.

그렇게 아버지가 있는 곳으로 돌아온 유다는 가족공동체의 화목을 위해 노력을 아끼지 않습니다. 그러던 중 예전에 없던 엄청난 풍년이 7년간 이어지더니, 이번엔 또 갑자기 극심한 흉년이 계속되기 시작했습니다. 가나안 인근 지역 전체에 찾아온 흉년은 그 정도도 매우 심했고, 또 해결될 기미도 전혀 보이지 않았습니다. 흉년이 2년째 접어들었을 때, 그토록 풍족했던 야곱 집안의 양식거리는 모두 동이 나버렸고, 유일한 희망은 곡식이 있다는 애굽에 가서 양식을 사오는 것뿐이었습니다. 그래서 베냐민은 아버지 곁에 남고, 열 명의 형제들은 애굽으로 양식을 구하러 떠났습니다.

그런데 애굽에서 뜻밖의 사건을 겪게 됩니다. 애굽의 최고 CEO인 총리라는 사람이 괜히 트집을 잡아 자신들을 스파이로 몰아세우는 것이었습니다. 예나 지금이나 스파이로 지목받는 것은 생명의 위기를 느낄 만큼 다급한 상황입니다. 스파이의 누명을 벗고 곡식을 사서 돌아가기 위해 10명의 형제들은 자신들에 관한 모든 정보를 샅샅이 밝혀야 했습니다. 누명이 좀 벗겨졌나 했더니, 결국 둘째형 시므온을 남겨두고 떠나라 합니다. 그리고 다음에 곡식을 사러올 때는 막내 베냐민을 데려오라고 합니다. 그러면 스파이가 아닌 것을 알겠노라고 하며, 애굽의 CEO 총리는 끝까지 주장을 굽히지 않았습니다.

일단 가나안에 남겨둔 가족들의 생계를 위하여, 어쩔 수 없이 서둘러 돌아옵니다. 그렇게 해서 급한 배고픔은 해결했는데, 애굽에서 사온 양식은 70명이나 되는 식구들에게 잠시의 위로밖에 되지 못했습니다. 애굽에서 사온 곡식은 이미 바닥났으니 양식도 사야겠고, 애굽에 볼모로 잡혀있는 시므온도 빨리 가서 구해야 할 상황인데, 아버지 야곱은 계속 베냐민에 대한 집착을 포기하지 않으려 합니다. 큰형 르우벤이 설득해보았지만 헛수고였습니다.

유다가 나서서 아버지를 설득합니다. 자신이 베냐민의 안전을 꼭 책임지겠다고 아버지께 약속했습니다. 결국 아버지 야곱이 베냐민을 붙들었던 손을 하늘을 향해 들어 올립니다. "전능하신 하나님께서 시므온과 베냐민을 돌려보내주시기를 원하노라. 내가 자식을 잃게 되면 잃으리로다."라는 아버지의 고백 끝에 베냐민을 포함한 열 명의 형제들은 애굽을 향해 떠날 수 있었습니다.

그런데 일이 꼬이려고 하는지, 설마 했던 일이 터지고 말았습니다. 유다와 형제들이 모두 총리 댁에 초대를 받아 식사 대접도 융숭히 받고,

스파이의 의혹도 풀리고, 시므온도 풀려나고, 양식도 샀습니다. 그래서 발걸음도 가볍게 가나안으로 되돌아오는데, 갑자기 뒤따라온 애굽의 병사들이 본 기억도 없는 은잔을 훔쳤다고 몰아세우며 짐 수색을 시작하는 것입니다. 그런데 모든 짐들을 다 뒤지던 중, 웬 은잔이 땡그랑 소리를 내면서 베냐민 자루에서 떨어진 것입니다. 베냐민은 정말 억울했지만 사정을 고할 기회조차 주어지지 않았고, 본의 아니게 자기 자루에서 은잔이 나왔다는 이유만으로 모든 형제들에게 죄인처럼 되었습니다. 그리고 현실적으로 모든 형제들은 죄인의 자리에 서게 됩니다.

총리 공관으로 끌려와 벌벌 떨고 있는 형제들에게 애굽의 총리는 무슨 큰 은혜라도 베풀듯이 베냐민만을 그곳에 종으로 남겨두고 나머지 형제들은 곡식을 가지고 돌아가라고 합니다. 애굽의 최고 실세인 CEO의 한마디는 바로 법이었습니다. 누구도 감히 이의를 달 수 없는 분위기입니다. 그런데 그때 죽을 각오를 하고 나선 유다가 '총리에게 감히 한 말씀만 고하게 해달라' 라고 부탁합니다.

이때 총리가 화를 내며 자신이 이미 내린 명령의 권위에 대한 도전으로 받아들인다면 유다의 목숨은 보장할 수 없는 형편입니다. 유다는 총리 당신의 위치가 바로 왕과 같음을 알고 있지만 그래도 목숨을 걸고라도 꼭 해야 할 말이 있다고 합니다. 기회를 얻은 유다는 아버지와 베냐민의 특별한 관계를 설명하고, 자신이 베냐민 대신 종으로 남으면 안되겠느냐는 제안을 합니다. 베냐민이 돌아가지 못하면 늙으신 아버지가 그 큰 슬픔을 이기지 못하실 것이라는 것입니다. 그러니 동생 베냐민을 위해 자신의 삶을 포기하겠다고 말합니다. 이제 유다의 목숨은 애굽 총리의 입에서 나오는 말 한마디에 달렸습니다.

그런데 유다의 말을 듣고 있던, 애굽 CEO가 갑자기 큰 소리로 울기 시작합니다. 당황하여 어찌할 바를 모르고 있는 유다와 형제들 앞으로 가까이 다가온 애굽 총리가 울음기 가득한 목소리로 "형님들, 나는 요셉입니다."라고 말합니다. 그 순간, 모두들 잠시 아무 생각도 할 수 없었습니다. 뭔가 엄청난 일이 벌어진 것 같기는 한데, 어디서부터 되짚어 생각해봐야 하는지, 어떤 말을 해야 하는지, 아무도 그 상황에 대한 적절한 설명을 할 수 없었습니다. 그때 요셉이 위로합니다. 떨고 있는 형제들에게, 눈에는 눈물이 가득하면서도 웃음을 보여주려고 노력합니다. 유다의 공을 정확히 알아본 요셉은 유다를 안고 웁니다. 두려움에 얼굴이 사색이 되어있던 베냐민도 끌어안고 웁니다. 모든 형제들이 서로를 끌어안고 한참을 그렇게 울었습니다.

이렇게 서로 끌어안고 한참 울다보니, 갑자기 요셉이 너무 커 보였습니다. 그러나 요셉은 조금 전까지의 냉철한 총리의 모습은 온데간데 없고 동생 요셉으로 자리하고 있었습니다. 이 일은 그 가정에 하나님의 돌보심과 계획하심이 있었음을 모두가 체험하게 되는 계기가 되었습니다. 나중에 이 모든 사실을 알게 된 아버지 야곱이 눈물 가득한 눈으로 유다를 오랫동안 지그시 바라보며 고마워하십니다. 아버지 야곱은 요셉이 살아있는 것이 기쁘고, 그가 애굽의 CEO가 된 것이 자랑스러웠으며, 또한 넷째아들 유다가 참으로 친구처럼 믿음직하고 좋았습니다.

유다의 너무 자랑스러운 동생 요셉은 애굽 전역을 다스리는 실제적인 총리실의 CEO입니다. 애굽에서 바로 왕의 핵심정치인이며 CEO인 총리 요셉 덕분에, 가나안에 살고 있던 가족 70명은 풍요로운 애굽의 고센 땅에 정착해서 살게 됩니다. 국정에 바쁜 요셉은 가정의 중요한 사안들을 리더십 있고 그릇이 큰 유다에게 맡겼을 것입니다. 유다, 그는 CEO요셉의 형이자 정말 좋은 친구였습니다.

하나님의 품으로 돌아가기 전에, 야곱이 열두 아들을 모두 불러서 그들에게 하나님의 이름으로 축복을 해줍니다. 물론 요셉이 가장 큰 축복의 메시지를 받았습니다. 그리고 이어서 유다가 가장 진한 축복을 받습니다. 그는 애굽의 CEO까지 감동시켰던 참으로 매력 있는 사람이었습니다. 또한 베냐민에게 더할 나위없는 큰 존경과 신뢰를 받았습니다.

이후 역사적으로 보면 유다 지파와 베냐민 지파는 서로 무척 아끼고 사랑하며 지냅니다. 유다 지파의 최고 CEO다윗과 베냐민 지파의 요나단이 서로 생명처럼 아끼며 사랑하는 모습을 볼 수 있습니다. 솔로몬 이후 여로보암이 유다 지파를 반대해서 북왕국을 세울 때, 홀로 남은 유다 지파에 베냐민 지파가 남아주어서 두 지파가 함께 남왕국을 유지해

갔습니다. 더 멀리 신약시대에 와서는, 유다 지파의 예수님을 베냐민 지
파의 바울이 목숨을 다해 사랑했습니다. 유다 지파와 베냐민 지파의 아
름다운 사랑이 역사 속에 지속된 아름다운 이야기들입니다.

인내를 온전히 이루라
이는 너희로 온전하고 구비하여
조금도 부족함이 없게 하려 함이라
- 야고보서 1장 4절

그날에 여호와씌셔 말씀하신
이 산지를 늬긔 주숑녈
호와씌셔 나와 홈믜 하시믄
늬 여호와씌셔 말씀하신듸로
그놈들을 쫏차늬리이다

여호와의 영이
에 너지 그럼의
우리를 끄데 뜨고
이전 날에 봄 날
장어 보하나
정현

그 날에 여호와께서 말씀하신 이 산지를 지금 내게 주소서
당신도 그 날에 들으셨거니와 그 곳에는 아낙 사람이 있고
그 성읍들은 크고 견고할지라도 여호와께서 나와 함께 하시면
내가 여호와께서 말씀하신 대로 그들을 쫓아내리이다
- 여호수아 14장 12절

CEO의 든든한 친구 갈렙

갈렙을 바라보는 주변의 많은 사람들은 무척 안타까웠습니다. 눈빛이 남다르고 생각이 깊으며, 남을 배려하는 자세가 보통 사람과 다른 그의 능력이 감춰지지 않았기 때문입니다. 좋은 시대에 태어났더라면 CEO로 손색이 없는 사람이었습니다. 그러나 갈렙과 그의 가족, 그리고 그의 민족 전체가 이미 태어나면서부터 애굽의 노예였습니다. 야곱의 가족 70명은 애굽 CEO요셉이 마련한 기반과 바로 왕의 초대로 고센 땅에 정착해 오랜 시간을 살아왔는데, 세월이 지나고 요셉을 알지 못하는 새 왕이 애굽을 다스리게 된 다음부터 노예로 전락하게 된 것입니다.

갈렙의 부모님과 가족들, 그리고 그를 아는 많은 사람들은 노예인 자신들의 처지가 슬프면서도, 특히 갈렙이 아무런 꿈도 펼칠 수 없는 현실에 대해 그저 안타까울 뿐이었습니다. 갈렙은 주변 사람들의 마음을 편하게 해주기 위해 마치 아무 생각도 없는 사람처럼 노역에만 집중했습니다. 그러나 혼자 있을 때에는 가슴 깊은 곳으로부터 밀려오는 많은 생각들 때문에 몹시 괴로웠습니다. 왜 남의 나라에서 짐승처럼 이렇게 시키는 일만 하며 살아야 하는지, 하나님은 우리 민족의 기도를 왜 들어주시지 않는 것인지, 이런 생각들이 그를 사로잡기 시작하면 그는 답답함과 간절함에 몸서리를 쳐야만 했습니다.

그런데 어느 날, 기적 같은 일이 생겼습니다. 이스라엘 백성들에게 전설과도 같은 존재인 히브리 출신 전직 애굽 왕자 모세가 애굽의 왕궁에 나타나더니, 애굽 왕 바로와 협상 테이블에 앉았다는 것입니다. 그러더니 6개월가량 온 나라가 매일 사건 사고로 몸살을 앓았습니다. 신문은 온통 모세에 관한 이야기로 가득했고, TV는 역사상 한 번도 없었던 천재지변을 생중계하는 24시간 생방송 체제로 들어갔습니다. 하수의 물들이 피로 변하고, 온 나라를 덮을 만큼의 개구리들이 나타났다 사라지고… 그 후 이, 파리, 메뚜기 떼 등등 입을 다물 수 없을 만큼 놀라운 일들이 연이어 일어났습니다.

당시 애굽 왕 바로는 나일 강을 중심으로 최고의 이집트 문명을 자랑하던 힘 있는 권력자였습니다. 그런 그에 비한다면, 모세는 초라하게 지팡이 하나 들고 나타난 사람이었습니다. 하지만 모세는 온 애굽과 이스라엘 백성들에게 살아계신 하나님이 얼마나 능력 있는 분이신지를 단 6개월 만에 뚜렷이 각인시켜 주었습니다.

바로와 모세의 정치적 협상이 진행된 지 6개월이 다 되어갈 즈음, 모세가 온 이스라엘 백성들에게 양을 잡아 그 피를 문의 좌우 설주와 인방에 바르고, 그 밤에 그 고기를 불에 구워서 무교병과 쓴 나물과 함께 먹으라고 했습니다. 갈렙은 가족들과 함께 모세가 분부한 모든 일을 행했습니다. 그날 밤, 온 애굽에 통곡소리가 가득했습니다. 이스라엘 사람들에게는 아무 일도 일어나지 않았지만, 애굽 사람들의 각 집집에서는 장자들이 죽는 사건이 일어난 것입니다. 심지어 애굽 사람 집에서 기르는 짐승들의 첫 새끼들까지 모두 죽었습니다. 갈렙은 가슴이 뛰었습니다. 하나님께서 이스라엘 백성들을 구원하여 그들의 땅으로 다시 돌아갈 수 있게 해주시겠다는 약속이 성취되는 시점이 드디어 다가왔다는 설렘이 그를 벅차게 했습니다.

이제 이스라엘 백성들은 그들의 CEO가 된 모세의 지도하에 애굽을 나왔습니다. 홍해를 건널 때의 감격은 죽는 날까지 잊지 못할 것입니다. 갈렙은 하나님께 감사의 기도를 드렸습니다. 갈렙은 하나님의 사람 CEO모세가 정말 자랑스럽고 좋았습니다. 그는 모세 곁에서 많은 것을 배우고 싶었습니다. 애굽에서 교육의 혜택을 받지 못했던 것이 늘 아쉬웠는데, 모세를 통해 놀랍도록 수준 높은 교육을 받을 수 있게 된 것이 정말 행복했습니다. 모세 곁에 조금이라도 더 가까이 가고 싶었고, 모세를 위해 무언가 도움을 드리고 싶었습니다.

그러던 중 CEO모세의 수행비서로 여호수아가 뽑혔습니다. 갈렙은 많이 아쉬웠지만, 여호수아가 자신보다도 더욱 그 일을 잘 할 수 있는 사람이라고 생각했기에 진심으로 여호수아를 응원했습니다. 그리고 CEO모세를 도울 수 있는 기회가 주어지면 반드시 자신도 최선을 다하리라고 마음먹었습니다.

CEO로서 모세는 임시로 지은 광야 오피스에서 많은 일을 했습니다. 그중 가장 중요한 일은 하나님의 말씀을 이스라엘 백성들에게 가르치는 일이었습니다. 또한 여호수아의 일도 만만치 않았습니다. 모세가 산에 올라가 하나님께 말씀을 들을 때면 수행비서 여호수아도 모세를 따라 갔는데, 모세가 산꼭대기에서 하나님과 만나는 동안 여호수아는 산 중턱쯤에서 혼자 모세를 기다려야 했습니다. 모세가 먹지도 않고 마시지도 않고 하나님과 대면하는 동안, 여호수아도 그리해야 했습니다. 이 일은 보통 한번 시작되면 40일씩이나 계속되곤 했습니다. 갈렙은 그들을 위한 중보기도를 하는 일을 게을리 하지 않았습니다.

이렇게 묵묵히 기도로 후원하며 마음으로 따르던 갈렙에게 드디어 기회가 왔습니다. 각 지파의 대표를 뽑아 이스라엘 백성이 들어가야 할 가나안 땅을 정탐하기로 했는데, 에브라임 지파에서는 여호수아가, 그리고 유다 지파에서는 갈렙이 대표로 뽑히게 된 것입니다.

갈렙을 포함한 열두 명의 정탐꾼들은 40일간 가나안 땅을 정탐했습니다. 가나안 땅에 가보니, 그 땅은 실로 젖과 꿀이 흐르는 기름지고 풍요로운 땅이었습니다. 그러나 그곳에 살고 있는 사람들이 어찌나 덩치가 크고 강해보였던지, 믿음에 흔들림이 없었던 여호수아와 갈렙을 제외한 열 명의 정탐꾼들은 두려운 마음을 가지고 돌아왔습니다. 하지만 여호수아와 갈렙은 가나안 땅에 들어가는 일은 이스라엘 백성들의 능력으로 하는 것이 아니라 하나님이 함께하시기에 가능하다는 확신을 가지고 있었습니다.

가데스 바네아에서 전 국민을 대상으로 가나안을 정탐하고 온 열두 명의 프레젠테이션(Presentation)이 열렸습니다. 먼저 열 명의 정탐꾼들은 가나안 땅에 이스라엘 백성들이 결코 들어갈 수 없을 것이라고 주장했습니다. 차라리 애굽에 돌아가 다시 종노릇 하는 것이 목숨을 건질 수 있는 일이며, 지금이라도 새로운 CEO를 뽑아 애굽으로 돌아가야 한다고 외쳤습니다. 그 말을 들은 이스라엘 백성들이 소리 높여 울며, 마치 지금 당장 자신들이 가나안 거민들 손에 죽어가고 있는 것처럼 난동을 부렸습니다.

바로 이때 이성을 잃고 아우성치는 군중들 앞에 갈렙이 나섭니다. 그는 가나안 땅은 하나님께서 우리에게 주시겠다고 약속하신 땅이라고 말하며, 믿음을 가지라고 호소했습니다. 그런데 오히려 이스라엘 백성들은 돌을 들어 갈렙을 죽이려 합니다. 그때 하나님께서 회막에 직접 나타나셔서 모세와 아론, 여호수아와 갈렙의 목숨을 지켜주셨습니다.

이 사건으로 인해 갈렙은 CEO모세로부터 인정을 받았습니다. 사태가 진정된 후, 모세는 이스라엘 모든 백성들 앞에서 하나님의 말씀을 전했습니다. 가나안 땅에 들어가 땅을 정복한 후에는 각 지파별로 제비를 뽑아 땅을 나누어 줄 터인데, 오직 갈렙만은 제비뽑기 전에, 먼저 갈렙이 원하는 땅을 선택할 수 있도록 기회를 주겠다고 말입니다. 이것은 갈렙이 모세를 통해 받았던 하나님의 약속이었습니다.

하나님께서 말씀하신 광야 생활 40여 년의 세월이 흐르고, 그간 광야에서 이스라엘 백성들을 이끌어 오던 하나님의 사람 모세가 죽었습니다. 그리고 여호수아가 모세의 뒤를 이어 이스라엘의 CEO가 되었고, 5년여에 걸쳐 가나안 지역의 정복전쟁이 진행되었습니다. 갈렙은 친구이자 동료인 CEO여호수아를 전심으로 도왔습니다. 새로운 이스라엘의 CEO여호수아와 광야에서 훈련받은 만나세대들은 가나안 지역에 살던 31명의 왕과 싸워 이기고 가나안의 대부분 지역을 점령했습니다.

그리고 마침내 가나안 땅을 나누기 위해 제비뽑기를 하는 날이 옵니다. 이 시간은 무척 긴장된 시간이었습니다. CEO여호수아는 지난 5년 간의 정복전쟁 때보다도 더 진지하고 신중한 자세로 땅 분배에 임했습니다. 그런데 그때 갈렙이 여호수아와 백성들 앞에 나아옵니다. 45년 전 하나님의 사람 모세가 했던 말을 모든 백성들에게 상기시켰습니다. 아무도 갈렙이 자신과 자신의 후손이 살 땅을 먼저 선택하는 것에 반대할 수 없었습니다. 갈렙이 어떤 땅을 선택할 것인지, 모두가 숨죽인 채 지켜보고 있었습니다. 갈렙이 입을 열어 CEO여호수아에게 정중하게 예를 갖춘 후 말했습니다.

"이 산지를 내게 주시오. 그 땅에 힘 센 아낙 자손이 살고 있다고 하더라도, 하나님께서 함께해주시면 그 말씀대로 내가 승리할 수 있다는 믿음이 있소이다."

이것이 우리가 사랑하는 갈렙의 노래입니다. 그는 이스라엘 백성이 이미 정복해 놓은 곳 중 어느 곳이 아니라, 아직 이스라엘이 차지하지 못한 땅을 정복한 후에 그 땅을 자신과 자신의 후손들을 위한 땅으로 선택하겠다고 말한 것입니다. 갈렙이 요청한 이 산지는 크고 견고한데다, 힘 센 아낙 자손이 살고 있어서 아직 정복하지 못한 헤브론 지역입니다.

갈렙의 이 선택은 그의 친구 CEO여호수아의 눈에 뜨거운 눈물을 흘리게 했습니다. 그리고 그 자리에 함께했던 이스라엘 백성들을 숙연

하게 만들었으며, 공동체의 수준이 한꺼번에 올라가는 가슴 벅찬 계기
를 만들었습니다. 이 땅을 그들에게 허락하신 하나님을 향한 감사의 마
음이 다시 새롭게 되살아났습니다. 이날 갈렙의 선택은 하나님을 기쁘
시게 했고, 모세의 뒤를 이어 이스라엘 백성의 지도자로서 최선을 다하
고 있던 CEO여호수아를 힘나게 했으며, 이스라엘 백성들에게 자부심을
주었습니다. 그는 진정 CEO여호수아의 든든한 친구였습니다.

더희가 대답ᄒ야 굴오디
당신이 우리외게 명ᄒ신대로 ᄒᆡᆼᄒ고
가라ᄒ신 곳에 가리이다
부리가 모세의 모든 말슴을 순죵ᄒ려니ᄒ
당신게 말슴은 순죵ᄒ려니ᄒ
당신이 하나님 여호와 씨셔
몬세와 ᄒ욤의 계신것 굿치
당신과 ᄒ욤의 계시기를 원ᄒ노이다
누구던지 당신의 명을 거역ᄒ며
당신의 사ᄒᄂ 모든 말슴을
순죵치 아니ᄒ난자는 죽임을 방ᄒ리니
오죽 당신은 강ᄒ고 담대ᄒ소셔

여호수아 일장 십륙-십구절 말씀시김
이천칠년 시봄날 소금代筆

그들이 여호수아에게 대답하여 이르되
당신이 우리에게 명령하신 것은 우리가 다 행할 것이요
당신이 우리를 보내시는 곳에는 우리가 가리이다
우리는 범사에 모세에게 순종한 것 같이 당신에게 순종하려니와
오직 당신의 하나님 여호와께서 모세와 함께 계시던 것 같이
당신과 함께 계시기를 원하나이다
누구든지 당신의 명령을 거역하며
당신의 말씀을 순종하지 아니하는 자는
죽임을 당하리니 오직 강하고 담대하소서
- 여호수아 1장 16-18절

CEO에게 용기를 준 두 지파 반 사람들

치열한 전쟁이었습니다. 처음부터 그들과 싸울 의도가 있던 것은 아니었습니다. 출애굽한 후 40여 년간, 시내 광야를 걷고 또 걸어 마침내 모압 평지에 도착한 CEO모세와 이스라엘 백성들은 먼저 아모리 왕 시혼에게 외교사절을 보냈습니다. 아무 일 없이 왕의 대로로만 아모리 땅을 통과할 것이니 길만 열어달라고 정중히 부탁한 것입니다. 그런데 아모리 왕은 그 제안을 거절했고, 오히려 이스라엘 백성들을 향해 전쟁을 선포했습니다.

하나님의 함께하심으로 그 전쟁에서 큰 승리를 거둔 이스라엘은, 얼마 후 마찬가지로 그들을 대적하는 바산 왕 옥과의 전투에서도 대승을 거두었습니다. 덕분에 이 두 왕이 다스리던 요단강 동편 지역은 이스라엘이 가나안에서 얻은 첫 영토가 되었습니다.

이스라엘의 12지파 중 르우벤 지파와 갓 지파에는 다른 지파들에 비해 목축업에 종사하는 사람들이 많았습니다. 그들이 요단강 동편 전쟁에서 승리한 후 차지하게 된 땅을 둘러보니, 땅도 비옥하고 풀도 많아서 양과 소를 기르기에 최적의 장소라는 생각이 들었습니다. 그들은 많은 논의를 했습니다. 그리고 모아진 의견을 모세와 회중 족장들 앞에 나아가 보고하고, 요단 동편 땅에 머무르고 싶다는 자신들의 의견을 밝혔습니다.

그런데 그 말을 듣는 순간, CEO모세가 불같이 화를 냈습니다. 흥분하여 화를 내는 모세의 말에도 충분히 일리가 있었습니다. 아직 요단강 서편 땅을 하나도 얻지 못하였는데, 너희들만 여기서 편하게 머무른다는 것은 다른 지파 사람들의 마음을 낙심케 하는 일이라는 것입니다. 40여 년 전, 열 명의 정탐꾼들이 너희들처럼 모든 백성들의 마음을 낙심하게 해서 하나님의 진노를 샀던 일을 상기해보라고 하며, 너희도 지금 동일한 죄를 지으려 하는 것과 같다고, 그토록 온유한 모세가 심하게 화를 내었습니다.

그런 CEO모세 앞에서 르우벤 지파와 갓 지파 사람들은 당황해서 그게 아니라고 크게 손사래를 저었습니다. 이 요단 동편 땅에 자신들의 가축과 처자들을 머무르게 하는 대신, 싸움을 싸울 남자들은 요단 서편으로 함께 건너갈 것이며, 모든 이스라엘 자손들이 다 각기 땅을 분배받기 전까지는 요단 동편으로 돌아오지 않겠다고 말했습니다. 그러자 그 말을 들은 모세가 한 걸음 더 나아가 제안합니다. 다른 지파들에 비해서 훨씬 먼저 기업을 받는 특권을 누리는 대신, 요단 서편 땅을 얻기 위한 전쟁에서 선봉에 서라는 것입니다. 특권이 있다면 사명도 따른다는 것이지요.

르우벤, 갓 자손은 이런 모세의 제안을 기꺼이 받아들였습니다. 가나안 사람들과의 전투는 이미 각오한 바였습니다. 좋은 땅을 먼저 분배받은 특권을, 가나안 서쪽 점령 전쟁에서 사명으로 바꾸어내겠다고 말했습니다.

두 지파가 자리를 잡고도 땅이 여유가 있어 모세는 므낫세 지파의 일부 사람들에게도 요단 동편 땅을 분배하여 주었습니다. 그래서 요단 동편의 식구들은 두 지파 반이 되었습니다. 므낫세 반 지파 사람들도 모세와의 약속에 동의하였고, 그들은 부인과 아이들 그리고 가축들이 머무를 집과 축사들을 요단강을 건너기 전에 서둘러 지어놓았습니다.

이 일 후에 CEO모세는 요단강을 건너지 못하고 120세에 하나님

곁으로 갔습니다. 그리고 여호수아가 이스라엘의 새로운 CEO가 되었습니다. 하나님께서 여호수아를 부르시고, "내가 모세와 함께 있던 것 같이 너와 함께 있을 것"이라는 약속을 주시며 가나안 땅을 향해 담대히 나아가라고 명하셨습니다.

하나님의 격려를 듣고서 두려움을 떨치고 일어난 새 CEO여호수아는 이스라엘 백성들에게 3일 안에 요단강을 건널 것이니, 양식을 예비하고 전쟁을 준비하라고 말합니다. 그리고 르우벤 지파, 갓 지파, 므낫세 반 지파의 대표자들을 자신의 오피스로 불렀습니다. 여호수아는 그들에게, 이제 가족들은 다 이 안전한 곳에 남겨두되, 남자들은 무장하고 건너가서 가나안 점령 전쟁에 앞장서 줄 것을 요청했습니다. 모세와의 약속대로 전쟁의 선봉에 서라는 것이었습니다.

드디어 기다렸던 사명의 때가 온 것을 명령받은 르우벤, 갓, 므낫세 반 지파의 결심과 각오는 정말 대단했습니다. 그들은 오히려 하나님께서 이끄시는 이 전쟁에 가장 앞서 싸운다는 사실을 자랑스러운 일로 여겼습니다. 목숨을 걸어야 하는 전쟁을 앞두고 두려움이 전혀 없는 것은 아니었지만, 하나님께서 주시는 승리를 성취하는 일의 선봉에서 쓰임 받는다는 자부심으로 가득했습니다. 하나님의 역사가 이루어지는 놀라운 장면을 제일 처음 목격하는 증인들이 되겠다는 다짐들을 했던 것입니다.

그들은 CEO여호수아의 제안에 모두 순종하겠다고 힘차게 대답했습니다. 또한 CEO모세에게 순종했던 것처럼, 새로운 CEO여호수아에게도 그렇게 순종하겠다고 말합니다. 그들은 여호수아가 비록 모세만큼 지식이 높지도 않고, CEO로서의 경험도 아직 부족한 게 사실이지만, 여호수아는 모세의 뒤를 이어 이스라엘의 가나안 전투를 이끌기에 부족함 없이 잘 준비된 CEO라는 사실을 믿고 충성을 다하겠다고 선언한 것입니다.

그들은 여호수아에게 "누구든지 당신의 명령을 거역하며 무릇 당신의 시키시는 말씀을 청종하지 아니하는 자 그는 죽임을 당하리니 오직 당신은 마음을 강하게 하시며 담대히 하라."라는 말로 신임 CEO여호수아를 힘나게 합니다. 이 두 지파 반 사람들의 충성스런 태도는 40년 동안 모세를 통해 하나님의 말씀을 교육받은 결과입니다. 이 두 지파 반 사람들이야말로 믿음이 없어 가나안 땅에 들어가지 못했던 출애굽세대들의 자녀들, 즉 하나님의 말씀으로 훈련되어진 만나세대들의 수준을 보여주는 멋진 실례입니다.

두 지파 반 사람들의 이 같은 선언을 전해들은 다른 지파 사람들도 모두 사기가 충천해졌음은 두말할 필요도 없습니다. 물론, 이들의 이 고백은 그 누구보다도 우리 하나님의 마음을 기쁘시게 하는 것이었습니다.

지혜롭지 못한 사람은 충성의 의미를 끝내 배우지 못합니다. 충성이라는 교양과목을 배워서 학점을 이수해야 CEO가 되는 전공과목을 수강할 수 있고, 그 후 고된 훈련 뒤에야 진정한 CEO가 될 수 있습니다. 충성된 자들이 많아야 CEO의 리더십도 잘 발휘될 수 있습니다. 이 두 지파 반 사람들의 이름은 성경에 자세히 나타나있지 않습니다. 그러나 잘 훈련되어져서 정예가 된 충성스런 두 지파 반 사람들은 이스라엘의 CEO여호수아에게 정말 든든한 친구들이었습니다.

우리가
든가

끝
맑음이
맑고
누
맛보고
정신을
맑았었나

너희의
하나님
여호와
뒤를
아니할
땀에서
한
있으시
과

어느 누가 이 땅에
비판 ... 서
라 (낙관)

우리가 듣자 곧 마음이 녹았고
너희로 말미암아 사람이 정신을 잃었나니
너희의 하나님 여호와는 위로는 하늘에서도
아래로는 땅에서도 하나님이시니라
-여호수아 2장 11절

CEO를 길러낸 라합

각자의 소견에 옳은 대로 살았던 암흑 같은 350여 년간의 사사시대에 한 줄기 단비 같은 아름다운 이야기가 바로 성경 속의 「룻기」입니다. 룻기에 등장하는 CEO보아스에 대해서 이야기하려고 합니다. 결론부터 말하자면, 보아스는 여리고 성의 기생이었던 라합의 아들입니다. 보아스는 그 어두운 사사시대에 레위기의 말씀을 삶으로 실천하였던 사람이고, 룻과 결혼하여 다윗 왕의 조상이 되었던 멋진 CEO입니다. 먼저 CEO보아스를 길러낸 어머니 라합을 만나보겠습니다.

　여리고 성 안에 살고 있던 라합은 여인으로서는 불행한 직업이라 할 수 있는 기생의 삶을 살아가고 있던 여인입니다. 하지만 저속한 차원의 기생은 아니었다고 생각됩니다. 왜냐하면 성경에 기록된 라합의 캐릭터는 역사와 사회를 보는 안목이 탁월하고, 하나님에 대해 듣기만 하고도 믿음의 사람이 되기로 단호한 결단을 내렸던 수준 있는 여인이었기 때문입니다. 라합은 시시한 가십보다는 사회 흐름과 국제 정세에 많은 관심을 가지고 있었습니다. 이러한 라합의 관심을 끌 만한 이야기가 들려왔습니다. 당시 최고의 문명을 자랑하는 선진국 이집트로부터 탈출하여 430년 만에 가나안으로 돌아오고 있다는 이스라엘 백성들에 관한 이야기였습니다.

　이스라엘이 믿는 하나님은 그의 백성들을 출애굽하게 하셔서 홍해를 육지처럼 건너게 하셨다고 합니다. 풀 한 포기 나지 않는 메마른 사막 한가운데서 40년 동안 하늘로부터 만나를 비처럼 내리시고, 뜨거운 사막의 한낮은 구름기둥으로, 매서운 사막의 밤바람은 불기둥으로 보호하시며 그들을 인도하셨다고 하니, 과연 이스라엘의 하나님은 참 신이라는 생각이 들었습니다. 이때부터 라합은 이스라엘의 뛰어난 CEO모세의 리더십과 그들의 신 하나님에 대해 큰 관심을 가지게 되었습니다.

그 하나님의 백성 이스라엘 사람들이 가나안으로 오고 있었습니다. 바로 마주보이는 요단강 건너까지 와서 가나안의 두 왕을 물리치고 그들의 영토를 삼았다는 소식이 전해지더니, 이제는 곧 라합이 살고 있는 여리고 성으로 진격해 온다는 소문이 들려왔습니다. 라합은 두려우면서도 그들을 직접 보고 싶었습니다.

사실, 여리고 성에는 이미 전운(戰雲)이 감돌고 있었습니다. 전쟁사에서 보면 성 밖에서 성을 공격해서 빼앗는 일이 가장 어려운 싸움입니다. 때문에 견고하기로 이름난 여리고 성은 방어에 최선의 준비를 하고 성 사람들을 안심시키고는 있었지만, 사람들 사이에서 두려운 마음이 퍼지고 있음이 사실이었습니다.

그런데 갑자기 라합의 집에 뜻밖의 손님들이 찾아들었습니다. 여리고 성 군사들의 추격을 피해 숨어들어온 이스라엘의 정탐꾼 두 명이었습니다. 라합은 두렵기보다 오히려 흥분되었습니다. 도망해온 두 정탐꾼들에게 라합은 오히려 자신을 구해달라고 먼저 부탁하는 기지와 센스를 발휘합니다. 그리고 자신은 이스라엘 백성들에 대한 이야기와 그 백성의 위대한 신 하나님에 대해 들어 알고 있으며, 여리고 성안의 CEO들과 모든 사람들은 이미 전의를 상실하고 몹시 두려워하고 있다는 최고급 정보를 정탐꾼들에게 넘겨줍니다.

또한 당신들을 숨겨줄 테니 여리고 성을 점령하는 날, 자신의 가족들을 구해줄 것을 부탁합니다. 두 명의 정탐꾼들은 라합의 말을 듣고 살아계신 하나님의 돌보심을 피부로 느낄 수 있었습니다. 그리고 라합의 쿨(cool)한 성격과 큰 그릇에 매력을 느꼈음은 두말할 나위 없습니다.

라합은 두 정탐꾼을 자신의 집 지붕 위에 숨겨주었습니다. 연이어 바로 여리고 성의 군인들이 들이닥쳤습니다. 라합은 침착하게 자신의 집에 왔던 사람들이 정탐인지 몰랐으며, 그 사람들은 저녁 무렵 성 밖으로 향하는 것 같았다고 말합니다. 그리고 지붕 위로 올라가 두 명의 정탐꾼들을 안심시킨 후, 상황이 안전해지자 성벽과 붙어 있는 자기 집 창문 밖으로 줄을 달아서 그들을 탈출시켜줍니다. 정탐꾼들은 탈출하면서 "여리고 성이 함락될 때 당신의 집 창문 밖으로 붉은 색 줄을 매달아 표시해 놓으라."라고 말했습니다.

며칠 후, 정말 믿을 수 없는 일이 벌어졌습니다. 여리고 성에 대한 치열한 공성전을 예상했는데, 의외로 이스라엘 백성들이 한 일은 그저 6일 동안 하루에 한 바퀴씩 성을 도는 것이었습니다. 도대체 이유를 알 수 없는 그 행동에 여리고 성안 사람들의 불안감은 커져갔습니다. 그러더니 일곱째 날, 이스라엘 백성들이 여리고 성을 일곱 바퀴나 계속 도는데, 여리고 성안의 백성들은 자신들의 머리가 빙글빙글 도는 것 같았고, 극심한 불안감으로 폭발할 것만 같았습니다.

바로 그때, 갑자기 천하를 진동하는 듯한 고함소리가 들리더니, 그토록 견고했던 여리고의 성벽이 순식간에 와르르 무너져 내렸습니다. 이스라엘의 군인들이 물밀듯 성안으로 들어왔고, 그렇게 여리고 성은 함락되어 이스라엘 수중에 들어갔습니다. 조마조마한 심정으로 라합의 집에 모여 있던 라합 식구들은 약속대로 여리고 성이 함락되는 와중에서 유일하게 생명을 보존할 수 있었고, 안전을 보장받을 수 있었습니다.

여리고 성을 첫 시작점으로 하여, 이스라엘 백성들은 약 5년 동안 30여 차례의 정복전쟁을 수행했습니다. 이를 통해 가나안의 대부분 지역을 차지하게 되었고, 어느 정도의 점령이 끝나자, 제비뽑기 방식을 통해 아무 충돌 없이 평화롭게 땅을 분배하였습니다. 이렇게 이스라엘 백성들이 가나안에 정착한 후, 라합은 살몬이라는 유대 지파 남자로부터 청혼을 받았고 결혼하였습니다. 얼마 있어 이 가정에 귀여운 아들이 태어났는데, 이 아이의 이름이 바로 보아스입니다.

이스라엘 어머니들의 가정교육은 고대부터 지금까지 세계적으로 유명합니다. 여리고 성 출신인 라합은 다른 이스라엘 어머니들보다 더 열심히 아들 교육에 매달렸을 것입니다. 보아스를 위해 라합이 사용한 교재는 모세오경이었고, 특히 신명기의 쉐마 교육과 레위기에 기록된 하나님의 말씀은 다 외워 암기하게 했습니다. 그리고 라합은 아들 보이스의 귓전에 자신이 직접 경험한 살아계신 하나님에 대해서 부지런히 말해주었습니다. 보아스는 어머니의 수준 높은 교육을 통해, 시대를 여는 CEO로 준비될 수 있었습니다.

이제 어머니 라합의 열정적인 신앙 교육을 통해 준비된 CEO보아스를 만나보겠습니다. 룻기에 등장하는 CEO보아스는 자신의 밭에서 일하는 스태프들에게 여호와 하나님의 이름으로 축복하고 인사하는 모습을 보여줍니다. 그리고 CEO보아스의 밭에서 일하는 스태프들도 보아스처럼 인사하도록 훈련되어 있던 것을 볼 수 있습니다. 이것은 민수기 6장에 나오는 제사장 아론의 축복을 익히고 응용한 인사법이라고 할 수 있습니다.

또한 이방여인인 룻이 자기 밭에 곡식을 주우러 나왔을 때, 보아스가 자신의 스태프들로 하여금 밭모퉁이까지 다 베지 않게 함으로써 룻이 이삭을 주어갈 수 있도록 배려한 것은, 그가 어린 시절부터 배워온 「레위기」의 '거룩' 과목을 직장 생활에서 제대로 실천하고 있는 모습입니다. 보아스는 '기업 무를 자에 관한 율법'에 대해서도 정확하게 학습하고 있었기에, 룻과의 결혼과 나오미 집안의 경작권 반환에 대해서도 무리 없이 순차적으로 일을 처리해갑니다. 정말 대단하다고 느껴지는 이런 보아스의 삶은 '성경이 이끄는 삶'이었습니다. 이런 보아스의 역할이 없었다면 룻기는 아마 기록될 수 없었을 것입니다.

이런 안정된 CEO보아스를 길러낸 어머니가 바로 라합입니다. 믿음은 들음에서 난다는 말씀이 정말 소중하게 다가옵니다. 하나님의 능력에 대한 소문을 듣고 하나님을 믿어 주의 자녀가 되는 복을 누린 여인. CEO보아스를 길러낸 어머니가 되었으며, 예수님의 족보에 그 이름이 기록된 놀라운 여인, 라합. 그녀에게 인생을 사는 법과 자녀 교육의 노하우를 배우고 싶습니다.

한나가 讚頌하야 글오뒤
내 마음이 여호와를 因하야 깃버함이여
내 뿔이 여호와를 因하야 들녓도다
내 입이 널며
모든 怨讎 이김을 주랑함이여
主의 救援하심을 깃버하도다
主밧게 다른 神이
여호와ᄀᆺ치 거룩하니가 업스며
우리 하ᄂ님ᄀᆺ혼 磐石이 업도다

삼우엘上 二章 一二節 之言 刻心志

한나가 기도하여 이르되
내 마음이 여호와로 말미암아 즐거워하며
내 뿔이 여호와로 말미암아 높아졌으며
내 입이 내 원수들을 향하여 크게 열렸으니
이는 내가 주의 구원으로 말미암아 기뻐함이니이다
여호와와 같이 거룩하신 이가 없으시니
이는 주밖에 다른 이가 없고
우리 하나님 같은 반석도 없으심이니이다
– 사무엘상 2장 1-2절

CEO에게 기도의 모범을 보인 한나

우리는 '기도'를 생각할 때, 두 손을 가지런히 모으고 무릎을 꿇은 채 기도하는 어린 사무엘의 그림을 먼저 떠올리게 됩니다. 그런데 이 사무엘의 기도의 근원을 찾아가보면, 늘 무릎을 꿇고 기도했던 어머니 한나를 만날 수 있습니다. 약 350여 년에 걸쳐 이어져온 암흑 같은 사사시대의 막을 내리도록 역사의 한 획을 그은 CEO사무엘에게 기도의 모범을 보인 어머니가 바로 한나입니다. 동물들 중에서 가장 오래 무릎을 꿇고 있을 수 있는 동물이 바로 낙타라고 합니다. 기도의 어머니 한나는 그런 낙타처럼, 어느 누구보다도 가장 오래 무릎을 꿇고 기도했던 사람이었으리라 짐작됩니다.

엘가나라는 사람의 아내였던 한나에게는 자식이 없었습니다. 그럼에도 불구하고 엘가나는 한나를 몹시 사랑했습니다. 그런데 엘가나의 또 다른 아내 브닌나는 이를 시기하여 한나를 괴롭혔습니다. 남편의 극진한 사랑을 받고 있기는 했지만, 자신에게 자녀가 없다는 것은 한나에게 너무나도 큰 고통이었습니다.

당시는 대부분의 사람들이 하나님을 섬기지 않고 마음대로 살아가던 사사시대였는데, 한나의 남편은 두 아내에게 하나님께 바칠 재물을 주며 매년 실로에 있는 성전에 가서 제사를 드리게 하는 믿음의 사람이었습니다.

하나님께 제사를 드리고 난 후, 한나는 따로 성전에서 아무도 모르게 기도했습니다. 차마 입 밖으로 소리를 내지도 못한 채, 자신의 속마음을 하나님께 아뢰었습니다. 얼마나 열심을 내어 기도를 했던지 그만 얼굴이 벌겋게 상기되었습니다. 그 모습을 보게 된 실로의 엘리 제사장은 한나 곁으로 다가와 언제까지 술에 취해 있겠느냐고 말하며 한나를 민망하게 합니다. 한나는 고개를 들고, 자신이 술이 취한 것이 아니라 간절한 소망으로 기도한 것이라고 말했습니다. 그러자 엘리 제사장이

"하나님께서 네가 구한 것을 허락하시기를 원하노라."라고 하며 위로해 줍니다. 한나는 마음의 평안을 얻고 감사한 마음을 안은 채 집으로 향했습니다.

한나의 기도를 들으신 하나님께서 한나에게 아들을 주셨습니다. 한나는 "하나님께 구하였다"라는 뜻으로 아들의 이름을 '사무엘'이라고 정하고, 사무엘이 젖을 뗄 때까지 정성과 사랑으로 돌보며 양육하였습니다. 사무엘이 젖을 떼자, 한나는 그 아들을 하나님의 성전에 두기 위해 함께 실로로 향했습니다. 오랜 기다림 끝에 얻은 자식이니, 조금이라도 더 함께 있고 싶은 마음이 간절했겠지만, 하나님께 드렸던 서원을 지키는 것입니다. 이때 한나는 수소 세 마리와 가루 한 에바와 포도주 한 가죽부대를 준비해 갑니다. 아들을 주셨던 하나님께 아들을 다시 바치면서, 그녀가 할 수 있는 최고의 정성을 예물로 담아 드렸던 것입니다.

고대 그리스의 대표 도시였던 스파르타에서는 건강한 아들을 낳았을 경우, 6살까지만 부모와 함께 지내고 7살이 되면 공동교육장으로 보내서 합숙하게 하며 전사가 되는 훈련을 받도록 했다고 합니다. '스파르타식'이라는 말을 남긴 스파르타의 용사들은 이를 통해 천하에서 가장 용감한 군인들이 되었습니다. 역사적으로 놀라운 기록을 보면, B.C.480년에 겨우 300명의 스파르타 용사들이 페르시아의 30만 대군과 맞서 싸우겠다고 달려 나가 페르시아의 크세르크세스 왕과 그의 30만 대군의 간담을 서늘하게 하고, 마침내 전쟁의 결과를 승리로 장식한 일도 있습니다.

　17살의 청소년 시절에 애굽에 노예로 팔려갔던 요셉이 혹독한 훈련 끝에 애굽의 CEO 총리가 되었던 일, 그리고 바벨론에 포로로 끌려갔던 다니엘이 일찍 뜻을 정해 하나님의 사람으로 훈련되고, 그 결과 바벨론과 페르시아에서 유력한 행정전문 CEO로 이름을 떨치는 가운데 하나님의 세계경영에 쓰임 받았던 사실이 성경에 기록되어 있습니다. 이 두 사람은 본의 아니게 어린 나이에 가족의 곁을 떠났지만 결국 하나님께서 교육하셨습니다.

　한나는 서원한 대로 아들의 장래를 하나님께 맡겼습니다. 사무엘은 어느 누구보다도 일찍부터 스승 밑에서 조기교육을 받은 것입니다. 어린 아들 사무엘을 엘리 제사장에게 맡기고 집으로 돌아가는 한나는 그녀 스스로의 믿음을 강하고 담대하게 키웠을 것입니다. 왜냐하면, 한나가 아들의 스승으로 삼은 엘리 제사장은 그 당시 그다지 좋은 평판을 가지고 있던 사람이 아니기 때문입니다.

　엘리의 두 아들 홉니와 비느하스가 하나님과 사람 앞에 심히 악하다는 평가를 받을 만큼, 엘리는 자기 자식 교육을 제대로 하지 못했습니다. 그런 면에서 보면, 엘리는 믿을 만한 스승이 아니라는 것을 한나는 알고 있었습니다. 하지만 한나는 인간적인 기준을 중시한 것이 아니라,

하나님을 깊이 신뢰했습니다. 그래서 아들을 엘리 제사장 손에 맡기면서, 기도로 아들의 삶을 후원하기로 작정한 것입니다.

아들을 성전에 두고 집으로 돌아온 한나는 그날부터 전보다 훨씬 더 오래오래 기도했을 것입니다. 한나는 하나님께서 주신 아들 사무엘을 시대와 민족 앞에 쓰임 받는 아들로 기르고자 하는 소원을 마음에 품고, 정말 오래 간절히 기도하는 어머니였습니다. 기도하는 어머니가 자녀를 바로 세웁니다.

사무엘은 낙타 무릎으로 기도하는 어머니 한나의 헌신적인 기도와 엘리 제사장의 교육, 그리고 하나님의 직접적인 말씀으로 성장하였고, 드디어 시대를 여는 CEO가 되었습니다. 우상을 섬기며 각자의 소견에 옳은 대로 살았던 사사시대를 마감하고 하나님 중심의 미스바시대를 여는 주역이 되었습니다. 이스라엘 백성에게는 모세와 여호수아 이후 약 350년 만에 마침내 출현한 CEO였습니다.

사무엘이 이스라엘의 CEO로 활동하는 기간 동안, 국경 북쪽의 가장 끝인 단에서부터 남쪽의 가장 끝인 브엘세바까지, 이스라엘의 모든 사람들이 사무엘의 리더십을 인정하고 따랐습니다. 사무엘의 말에 따라 모든 백성들이 미스바에 모여 회개하고 금식하며 기도하는 대규모 집회가 열렸으며, 만나세대 이후 최고 수준의 백성들로 다시금 세워지는 '미스바세대'의 시대를 열었습니다.

　　역사와 시대 앞에 쓰임 받는 CEO를 길러내고 싶은 소원이 있습니까? 한나가 좋은 모범입니다. 기도하는 어머니, 성경으로 기르는 어머니가 최고 CEO의 어머니가 될 수 있습니다. 하나님께서 우리에게 위탁하신 귀한 자녀를 위해 우리가 쉬지 않고 해야 할 가장 중요한 일은 하나님께 기도하는 일입니다. 하나님의 자녀는 하나님께서 길러주십니다.

요나단의 마음이 다윗의 마음과 하나가 되어 나의 마음과 같이 오나단이 그를 자기 생명같이 사랑하니라

사무엘상 십팔장삼절

이천칠년 무월 상순 소금 서김

요나단의 마음이 다윗의 마음과 하나가 되어
요나단이 그를 자기 생명 같이 사랑하니라
- 사무엘상 18장 1절

CEO를 생명처럼 사랑한
요나단

크리스천이 아니더라도 보통 '친한 친구의 대명사'라고 하면, '다윗과 요나단'을 이야기합니다. 이렇게 다윗과 요나단, 그 두 사람의 관계는 가장 멋진 우정의 샘플로 시대를 초월하여 인정받고 있습니다.

다윗이 베들레헴 시골에서 목동으로 살고 있을 때, 요나단은 이미 왕자의 신분이었습니다. 요나단의 아버지 사울이 이스라엘의 초대 왕으로 세워졌기에 요나단은 어렸을 때부터 이미 왕자님이었습니다. 정말 남부러울 것이 없었습니다. 그러나 요나단은 교만하지도, 거들먹거리지도 않는, 겸손하고 온유한 사람이었습니다. 그는 또한 하나님을 믿고 신뢰하는 일에서도 누구에게 뒤지지 않는 믿음의 사람이었습니다.

그는 블레셋과의 전쟁 중에 자신의 병기든 자 한 명을 데리고 적진으로 용기 있게 달려가, 전쟁의 상황을 승리로 이끈 주역이기도 했습니다. 요나단은 "여호와의 구원은 사람의 많고 적음에 달리지 아니하였다."라는 놀라운 믿음의 고백을 했던 사람입니다. 겸손하고 온유하고 사람을 잘 감싸주는 사람인 동시에, 결단과 용기와 패기를 지닌 사람이었습니다. 이런 그를 모든 백성들이 아끼며 좋아한 것은 당연한 일입니다. 그는 아버지 사울 왕에게는 든든한 아들이요, 모든 백성들에게는 사랑을 한 몸에 받고 있는 왕자이자, 차기 왕위 계승자였습니다.

그러던 중에 또 블레셋이 이스라엘을 침략해 왔습니다. 이번에는 기골이 장대한 골리앗이라는 장군을 앞세우고 이스라엘을 위협하였는데, 정말 속수무책이었습니다. 이스라엘의 군대 전체가 달려들어도 골리앗 한 사람을 이길 승산이 없어 보였습니다. 도저히 그를 이길 어떤 전략이나 전술이 없는 상황에서, 그토록 용기 있는 요나단도 이번엔 그저 안타까운 마음으로 지켜볼 수밖에 없었습니다.

이렇게 40일이 지났습니다. 그런데 어느 날, 한 시골목동이 나서서 골리앗 앞으로 나가더니, "이스라엘 군대의 하나님의 이름으로 네게 가노라."라고 외치며 무장도 하지 않은 채 달려가는 것입니다. 그리고 그 목동이 주머니 속에서 작은 자갈을 꺼내 물매로 날쌔게 던져 골리앗의 이마 한가운데를 치더니 그를 쓰러뜨렸습니다. 그 장면을 바라보던 요나단의 눈에서 불꽃이 번쩍 튀었습니다.

모두들 골리앗이 죽고 전쟁에서 승리했다는 기쁜 소식과 다윗이라는 스타가 나타난 것을 화제로 삼고 있을 때, 요나단은 믿음의 사람을 발견한 것이 너무 기뻐서 가슴이 뛰었습니다. 다윗이 하나님을 진정으로 사랑하고 있고, 하나님께서도 다윗을 기대하시며 사랑하신다는 사실이 요나단의 눈에 보였기 때문입니다. 그는 그때부터 다윗을 자신의 생명처럼 아끼며 하나님 안에서 아주 많이 사랑하게 되었습니다. 정말 이보다 더 순수하고 아름답고 진실된 우정이 또 있을까 싶을 정도로 하나님 안에서의 눈부신 사랑이었습니다.

그런데 점차 생각지도 못한 방향으로 일이 흘러가기 시작합니다. 요나단의 아버지 사울 왕이 다윗을 시기하는 정도가 지나치다 못해, 다윗을 죽이려고 하는 데까지 나아간 것입니다. 생각이 깊고 마음이 따뜻한 요나단은 그런 상황이 몹시 괴로웠습니다. 그에게는 아버지와 친구, 그 둘 다 모두 소중한 사람들이었기 때문입니다. 요나단이 보기에 다윗은 이스라엘의 CEO로 너무나 충분한 자질을 가지고 있는데, 아버지 사울은 그런 다윗을 죽이고 자신을 이스라엘의 CEO로 삼으려 했습니다. 요나단은 다윗에게 너무나도 미안했습니다. 그는 아버지를 설득하기 위해 최선을 다했지만, 그의 아버지에게는 이미 브레이크가 없어진 지 오래였습니다. 요나단이 할 수 있는 일은 그저 다윗이 아버지의 칼끝을 피해 무사히 도망갈 수 있도록 도와주는 것뿐이었습니다.

다윗을 멀리 피신시키던 날, 요나단은 다윗을 안고 많이 웁니다. 요나단의 마음을 잘 알고 있는 다윗도 많이 울었습니다. 그렇게 요나단은 다윗과 헤어졌습니다. 이미 이성을 잃은 사울 왕은 다윗을 잡아 죽이는 일에 거의 모든 국가 에너지를 쏟아 붓습니다. 국가의 최정예 군사 3천 명을 동원하여 다윗을 잡으러 다니고, 다윗을 숨겨준 자가 발각되면 그 자리에서 즉결 심판하여 죽였습니다. 제사장들을 한꺼번에 85명이나 죽이기도 하고 시대의 스승 사무엘까지 위협하는 일도 서슴지 않았습니다. 요나단은 그런 아버지를 보며 몹시 고통스러웠지만, 그래도 끝까지 아버지의 곁을 지켜드립니다. 그리고 멀리서나마 다윗을 위한 중보기도로, 다윗과의 진실한 우정과 사랑을 지켜갔습니다.

그러던 중, 아버지 사울이 더 이상 다윗을 추격할 수 없게 됩니다. 블레셋이 또 침략해 와서 전쟁터로 군사들과 함께 출정해야 했기 때문입니다. 요나단과 그의 동생들도 전쟁에 나가 열심히 싸웠지만, 안타깝게도 이때의 치열한 전투에서, 사울 왕과 요나단, 그리고 전쟁에 참여했던 다른 왕자들까지 모두 길보아 산 근처에서 전사하고 맙니다. 그 소식을 전해들은 다윗의 슬픔은 그 누구보다도 컸습니다. 다윗은 사울과 요나단을 위한 애가를 지어 부르며 그들의 죽음을 슬퍼하고 애통해 합니다.

그 후 다윗은 이스라엘의 두 번째 왕이 되었고, 역사상 유래를 찾을 수 없을 만큼 백성들의 사랑과 존경을 받는 훌륭한 CEO로 그의 삶을 살았습니다. 역시 요나단의 눈은 정확했던 것입니다. 이스라엘을 위해 준비된 CEO를 알아보고 귀히 여겨주며 깊이 사랑했던 사람. 3천 년이 지난 지금도 많은 사람들이 그리워하며 좋아하는 다윗을 믿음의 눈으로 알아보고 생명처럼 아끼며 사랑했던 사람. 다윗을 위한 조연의 역할을 기꺼이 반겨하며 기뻐했던 그 훌륭한 사람의 이름이 바로 요나단입니다.

주와 같은 신이 어디 있으리이까
주께서는 죄악과 그 기업에 남은 자의 허물을 사유하시며
인애를 기뻐하시므로 진노를 오래 품지 아니하시나이다
—미가 7장 18절

이력 사람 후세는
왕의 벗이 되엿고

주후 이천십년 서봄 소은

이력 십칠 장
말삼 승심 졀

아렉 사람 후새는 왕의 벗이 되었고
- 역대상 27장 33절

CEO의 책사 후새

비상사태입니다. 쿠데타가 일어났다는 급
보가 전해졌는데 최악의 상황입니다. 다름 아니라, CEO다윗의 아들 압
살롬이 일으킨 쿠데타라는 것입니다. 다윗은 머리를 가리고 맨발로 울
며 도망했다고 하고, 그 소식을 듣고 나서 다윗을 따르는 백성들도 다윗
처럼 맨발로 머리를 가리고 울며 감람산 길로 피했다는 것입니다. 자신
도 그곳으로 오라는 소식에 후새는 잠시 숨을 고를 시간이 필요했습니

다. 평소 약간 의심이 가기는 했지만, 압살롬이 쿠데타를 결행할 거라고
는 미리 짐작하지 못했던 것입니다. 다윗의 책사인 후새는 브레인으로
서 제 역할을 다하지 못한 것에 대해 스스로를 채찍질했습니다. 다윗에
게 달려가면서도 후새는 대책을 세우느라 여념이 없었습니다.

한편 CEO다윗은 도망길에서 잠시 하늘의 하나님께 기도했습니다.

"아히도벨의 모략을 어리석게 해 주시옵소서!"

CEO다윗이 그 순간 하나님께 아히도벨의 모략을 어리석게 해달라
고 기도할 정도였으면, 아히도벨이 얼마나 대단한 사람이었는지 알 수
있을 것입니다. 정치인이자 행정가인 다윗은 이렇게 숨 가쁜 정치세계
에 살면서도 하나님께 기도하였습니다. 명령하는 자리에 있던 다윗은
자신의 영혼에게도 하나님을 송축하라고 명령하는 사람이었습니다. 그
래서 하나님께서는 다윗의 기도에 늘 귀 기울여주셨습니다. 아히도벨의
모략을 어리석게 해달라는 지금의 기도도 하나님께서는 귀 기울이셨습
니다. 이때 후새가 도착합니다.

다윗과 가까운 측근들인 군대장관 요압, 사관인 여호사밧, 제사장
사독과 아비아달, 서기관 스라야 등이 다윗과 함께 침통한 분위기 속에
서 후새를 맞이했습니다. 후새는 먼저 CEO다윗에게 깊이 사죄의 말씀

을 드렸습니다. 책사로서 이런 사태를 예측하지 못해, CEO다윗에게 불명예스럽고 부끄러운 일을 당하게 한 것에 대해 고개를 들 수 없을 만큼 죄송했기 때문입니다. 곧바로 대책 회의가 시작되었습니다. CEO다윗은 사울을 피해 다니며 고된 훈련의 시간을 많이 보냈던 사람이라 역시 달랐습니다. 아들의 쿠데타에 대해 누구보다도 당황했을 터인데 생각보다 담담히 받아들이는 것 같았습니다. 다윗은 정치인이기 이전에 신앙인임을 모든 사람 앞에 말하고 하나님의 뜻을 살피며 이 사태를 처리하자고 말했습니다. 최고의 정치인 후새의 눈에 다윗이 진실한 하나님의 사람으로 다시 각인되었습니다. 하나님의 뜻을 살피려는 다윗은 참으로 겸손한 사람이었습니다.

이때 속보들이 도착했습니다. 다윗에게 보고하기가 참으로 민망한 소식들이었습니다. 예루살렘 성이 압살롬에게 완전히 점령당했고, 대낮에 왕궁의 옥상에서 압살롬이 다윗의 첩들을 범했다는 소식이 전해졌습니다. 이것은 압살롬이 아들로서의 자리를 완전히 버렸다는 의미였기에 이제 대화로는 문제를 해결할 수 없다는 결론을 내려야했습니다.

더 큰 문제는 압살롬의 쿠데타에 아히도벨이 가담하고 있다는 사실입니다. 생각보다 훨씬 심각한 상황입니다. 아히도벨은 누구나 인정하는 노련한 정치인이기 때문입니다. 아히도벨이 압살롬의 책사가 되었다면 다윗이라도 긴장해야 했습니다. 후새도 사태의 심각성을 다시 확인했습니다. 후새가 거의 유일하게 정치적 라이벌로 생각하는 사람이 아히도벨이었기 때문입니다. 아히도벨 정도면 다윗의 정치 수를 미리 예상까지 할 수 있는 정치 9단의 사람이었습니다. 압살롬이 그의 젊은 세력들과 쿠데타를 일으켰다면 시간이 문제이지 반드시 해결할 수 있는 문제였습니다. 그러나 아히도벨이 압살롬의 브레인이라면 다윗의 정치적 회복은 용이하지 않을 수도 있었습니다.

밤새 계속된 회의를 통해 후새를 압살롬의 진영으로 보내기로 했습니다. 후새가 거짓 투항하여 압살롬에게로 가서 아히도벨의 계략에 제동을 걸게 하는 역할을 맡기로 한 것입니다. 후새는 쉽지 않은 결단이었지만 사태의 해결을 위해 용기를 내어 예루살렘으로 떠났습니다.

예루살렘 성 안의 압살롬의 진영에도 밤새 불이 꺼지지 않았습니다. 다윗이 도망 나갔고, 자신들이 예루살렘 성을 차지하긴 했지만, 쿠데타가 완전히 성공했다고 안심할 수 있는 상황은 아니었습니다. 다윗이 아직 건장하게 살아있고, 그를 따르는 최고의 정치인들이 있으며, 무엇보다 다윗은 백성들의 사랑과 존경을 한 몸에 받고 있기 때문이었습니다. 그리고 CEO다윗은 사울의 빼어난 군사들 3000명에게서도 피해서 살아남았던 경험이 있는, 탁월한 군인 출신 왕이기 때문입니다.

다음날 아침, 압살롬의 진영에는 뜻밖의 희소식이 있었습니다. 후새가 압살롬 편에 합류했다는 것이었습니다. 대세의 흐름이 압살롬에게 있다는 후새의 말에 압살롬은 이성을 잃을 정도로 흥분을 감추지 못했습니다. 압살롬 진영은 후새로 말미암아 축제 분위기였지만, 오직 한 사람 아히도벨만이 의심의 눈길을 보내고 있었습니다. 합류한 후새와 함께 오전회의가 다시 열렸습니다.

먼저 아히도벨이 말했습니다. 도망을 가 있는 다윗을 제거하려면 빨리 군대를 보내 속전속결로 다윗을 공격해야 한다는 것입니다. 자신에게 일만 이천 명의 군사를 내어주면 이 밤에 가서 다윗을 따르는 백성들은 도망하도록 길을 내주고, 다윗은 죽여 쿠데타의 완전한 성공을 이루겠다고 말했습니다. 모두들 그 의견이 최고의 전략이라고 동의했습니다. 곧바로 군대를 출정시키는 것으로 의견이 모아져갔습니다.

그때 갑자기, 압살롬이 후새의 의견도 들어보자고 말을 꺼냈습니다. 역사적으로 전쟁 중에 보면, 중요한 도움은 가끔 상대 쪽에서 주는 경우가 있습니다. 이 경우도 그렇습니다. 압살롬이 다윗을 돕는 기회를 만드는 것입니다. 뒤늦게 합류한 후새에게 크게 감동한 압살롬의 오만이 사태의 추이를 바꿉니다.

후새가 의견을 냅니다. 다윗은 워낙 노련한 사람이어서 쿠데타에도 당황할 사람이 아니기에 지금 당장 군대를 보내도 이긴다고 보장할 수 없다는 것입니다. 사울의 정예부대 3000명도 다윗이 숨으면 찾아내지 못했음을 상기시켰습니다. 오히려 치밀하게 천천히 준비해서, 대세를 몰아 다윗을 공격하는 것이 이 쿠데타를 완전히 성공으로 이끄는 길이라고 설득력 있게 말했습니다. 모두들 혼란스러웠습니다. 아히도벨이나 후새 모두 고수들이기에 누구의 의견을 따를 것인가 결정하기가 쉽지 않았습니다. 그런데 압살롬이 후새의 팔을 들어줍니다. 뒤늦게 합류해서 압살롬에게 온 후새가 처음부터 함께해준 아히도벨보다 압살롬의 허영심에 더 긍정적인 자극을 주었기 때문입니다. 후새의 의견이 받아들여지자 모두들 장기적인 대책을 세우기로 결정합니다. 후새를 압살롬에게 투입한 다윗의 판단이 정확했던 것입니다.

그 다음날, 압살롬 진영은 아히도벨의 자살 소식을 듣게 되었습니다. 모두들 거의 성공한 쿠데타라고 생각하고 있는데, 아히도벨이 이 상황에서 자살을 택한 것을 이해할 수가 없었습니다. 오직 한 사람 후새만이 아히도벨의 자살 이유를 알고 있었습니다.

아히도벨과 후새의 예상대로 다윗 왕은 다시 예루살렘 성으로 복귀했고, 압살롬은 죽었습니다. 아히도벨은 자신의 의견이 받아들여지지 않고 후새의 의견으로 결정되는 순간, 압살롬을 포함한 쿠데타 세력과 자신에게 올 비참할 최후를 미리 보았던 것입니다. 압살롬의 정치적 수가 다윗에 비해 훨씬 못 미침은 이미 아는 바였지만, 자신의 노련한 아이디어를 받아들인다면 몰라도, 그렇지 않을 경우 다윗을 상대할 수 없음은 너무나도 자명하기 때문입니다. 그래서 끝까지 다 보지도 않고 그는 스스로 끝을 냈던 것입니다.

CEO다윗 곁에는 공과 의를 이루고자 하는 다윗의 정치를 돕는 많은 스태프들이 있었고, 그중에 책사 후새도 있었습니다. 요셉, 다니엘, 느헤미야, 다윗, 이런 성경의 사람들은 모두 평신도 CEO들이었으며 정치적으로 최고의 자리에 오른 사람들입니다. 그들의 특징은 영성과 사회성의 균형을 갖춘 사람들이라는 것입니다. 또한 그들은 최고의 실력을 갖추기 위해 노력을 아끼지 않았고, 쓰임 받을 만큼의 고된 훈련을 받은 사람들이었으며, 무엇보다 하나님 앞에 늘 겸손한 정치인들이자 신앙인들이었습니다.

성경에 기반하여 정치를 하는 것이 최고의 정치입니다. 공과 의를 행하는 것이 바로 하나님이 우리에게 가르쳐주신 바른 정치이기 때문입니다. 후새의 CEO다윗은 바로 하나님의 뜻에 따라 공과 의를 행하는 정치를 실행했기에, 하나님께서 함께하셨습니다.

하나님의 사람 다윗이 처한 정치적 위기에서 지혜와 용기를 발휘해 그를 도운 후새는 다윗과 함께 시대를 이끌어갔던 정치인이자 다윗의 좋은 친구였습니다.

하나님이 우리에게 주신 것은
두려워하는 마음이 아니요
오직 능력과 사랑과 절제하는 마음이니
-디모데후서 1장 7절

마땅히 걸러 바르 실래의
아들들에게 베풀어서
은혜를 베풀어
그늘이 중에
먹는 자이 세상에서
참여하게 하라

옛말이 같은 이런 경전을 써서 보낼 수 있음에
通古今에서 代筆

마땅히 길르앗 바르실래의 아들들에게 은총을 베풀어
그들이 네 상에서 먹는 자 중에 참여하게 하라
- 열왕기상 2장 7절

CEO와 위기를 함께해준
바르실래

CEO다윗의 인생에 최대의 정치적 위
기였습니다. 남도 아닌 아들의 쿠데타를 피해 도망하는 다윗의 모습은
실로 민망할 정도였습니다. 이때, 그동안 반체제 인사로 숨어 지내며 사
울 일가의 복귀를 꾀하던 베냐민 지파 시므이라는 사람이, 지금이 기회
다 싶어, 도망하고 있는 다윗의 길을 막고 나섭니다. 다윗에게 돌을 던
지며 계속 저주하고 또 저주합니다. 함께하고 있는 신하들과 따르는 백

성들이 옆에서 보기에도 참을 수 없을 정도로 다윗을 모욕하는데, 다윗은 이를 참습니다. 다윗은 자기 아들도 자기를 죽이려하는데, 하물며 유다 지파에게 정권을 빼앗겼다고 생각하는 베냐민 사람이야 어찌 하겠느냐며 이를 참아내고, 오히려 하나님께 긍휼을 구했습니다.

이렇게 참담한 시간을 보내야 했던 다윗을 크게 위로해준 사람도 있었는데, 그가 바로 요단 동편 길르앗 사람 바르실래입니다. 다윗이 압살롬의 계속되는 추적을 피해 마하나임에 도착했을 때, 그곳에 살고 있던 바르실래와 몇 사람이 다윗 일행의 어려운 사정을 생각하고 찾아와 여러 가지 음식으로 대접하며 인정을 베풀어준 것입니다.

쿠데타가 진정되고 다윗이 예루살렘 성으로 환궁하게 되었을 때, 다윗은 고마운 바르실래에게 예루살렘으로 함께 가서 얼마 남지 않은 노년의 시기를 친한 벗으로 함께 지내자고 청했습니다. 그러나 바르실래는 왕의 호의를 정중히 거절합니다. 바르실래가 왕을 도울 수 있었던 것은 오히려 바르실래에게 큰 기쁨이었다는 것입니다. 시골에 사는 노인인 자신이 그동안 존경해왔던 왕을 직접 뵙고 옆에서 도울 수 있었다는 것만으로 충분하다는 것이 바르실래의 생각이었습니다. 자신은 이미 늙었으니, 대신 자신의 아들 김함을 데려가 주시면 감사하겠다고 대답했습니다. 그 길로 바르실래의 아들 김함은 다윗의 예루살렘 길에 동행하게 되었습니다.

다윗이 예루살렘으로 환궁하게 되자, 이번에도 시므이가 나타났습니다. 그러나 지금은 180도 달라진 태도였습니다. 지난 오랜 세월 동안 숨어 지내며 다윗의 몰락을 기다렸던 반체제인사 1000명을 데리고 다윗 앞에 무릎을 꿇은 것입니다. 그들은 다윗에게 잘못을 빌고, 목숨을 구했습니다. 이미 자신들의 정체가 드러나 버린 지금, 목숨을 구할 길은 이 길뿐이라는 것을 깨달았기 때문입니다. CEO다윗은 그들을 오히려 모두 끌어안음으로써, 사회 속에서 그들 세력을 양성화할 수 있었습니다.

다윗은 아들의 쿠데타라는 위기를 통해, 저 밑에서부터 30년간 자신을 흔들어온 정적들을 찾아낼 수 있었고, 좋은 친구 바르실래를 사귈 수 있었습니다. 이런 기회가 아니었다면, 예루살렘 궁전에서 부족함 없이 살고 있던 다윗이, 저 시골 촌노인 바르실래 같은 사람을 만나 대접받을 만한 일이 언제 있었겠습니까. 위기가 꼭 고통스러운 것만은 아닙니다. 하나님의 긍휼을 체험할 수 있는 기회가 될 수도 있으며, 하나님과 더 가까워지고, 진실한 친구를 발견하는 귀한 기회가 될 수도 있습니다.

다윗은 세상을 떠날 때, 아들 솔로몬에게 두 종류의 유언을 했습니다. 하나는 신앙적 유언이고 다른 하나는 정치적 유언입니다. 먼저 신앙적 유언은 "너는 힘써 대장부가 되고 네 하나님 여호와의 명령을 지켜 그 길로 행하여 그 법률과 계명과 율례와 증거를 모세의 율법에 기록된 대로 지키라 그리하면 네가 무엇을 하든지 어디로 가든지 형통할지라"라는 유언입니다. 이 얼마나 훌륭한 유언입니까? 우리도 이런 유언을 사랑하는 자녀에게 들려주었으면 합니다.

두 번째는 정치적 유언입니다. 제2인자 자리에 있는 군대장관 요압과 자신을 혹독한 말로 저주했던 베냐민 지파 시므이를 조심하라는 것입니다. 다윗처럼 노련한 정치인은 그들을 다룰 수 있지만, 이제 갓 왕이 된 젊은 솔로몬은 그들을 다루지 못해 위기를 맞을 것이 다윗의 눈에 보였기 때문입니다.

그리고 마지막으로 다윗은 바르실래의 아들들에게 꼭 은혜를 갚으라는 당부를 남깁니다. 압살롬을 피해 도망하던 중 만났던 바르실래가 다윗은 그 후로도 늘 고마웠고, 마지막 유언으로도 꼭 그때의 고마움을 표하고 싶었던 것입니다. 또한 국가 경영에 있어서 인재를 지방 곳곳에서 찾아 중용하라는 의미가 담겨 있습니다.

사람들은 누군가의 위기를 보면 피하기부터 합니다. 그러나 누군가에게 도움을 줄 수 있는 가장 좋은 기회는 위기에 처한 사람을 돕는 것입니다. 성경은 이런 귀한 사람들의 아름다운 기록을 귀히 여기고 있습니다.

CEO다윗의 위기를 도왔던 바르실래는 다윗의 유언장과 이스라엘 역사에 그 이름이 기록되었고, 그 아들의 장래에 큰 길을 열었으며, 오늘날 우리가 그 이름을 기억하는 성경 속 CEO의 친구로 소개되고 있습니다. 주위를 살펴보고, 도움이 필요한 사람의 좋은 친구가 될 수 있는 기회를 놓치지 마시기 바랍니다. 21세기 CEO의 친구 바르실래처럼 말입니다.

숲풀이 변하여
기샘이 되고
깊애 동이 변하며 되엇시니
두날으로 직겨
잔치를에 풀고 즐기며
서도 예물을 주며
가논한 자를 구제하라

이 엣더 주샴 이샴이 님의 마음에 말씀

이건잔나라 새 봄을써   사랑으로 새간 마음까로

슬픔이 변하여 기쁨이 되고
애통이 변하여 길한 날이 되었으니
이 두 날을 지켜 잔치를 베풀고 즐기며
서로 예물을 주며
가난한 자를 구제하라 하매
- 에스더 9장 22절

CEO의 믿음의 후원자 모르드개

「300」이라는 영화에 강한 인상으로 나오는 페르시아의 크세르크세스 왕이 바로 에스더의 남편인 아하수에로 왕입니다. 아하수에로 왕은 파키스탄에서 에티오피아에 이르는 근동지역 전체와 아프리카 일대까지 127도를 다스렸던 대단한 시대의 인물입니다.

이스라엘 백성들이 바벨론에 포로로 끌려간 후, 그곳에서 느부갓네

살 왕의 신임을 받은 다니엘이 바벨론의 온 도를 다스리며 모든 박사들의 어른으로 살았던 것을 알고 있습니다. 그리고 다니엘이 페르시아(바사)의 다리오 왕에게도 신임을 받아 총리로 세워지려 했을 때, 다른 신하들의 모함으로 사자 굴에 들어갔던 것 또한 우리는 알고 있습니다. 이를 통해, 우리는 바벨론이 페르시아와의 전쟁에서 패배함으로 말미암아, 바벨론에 포로로 끌려갔던 이스라엘 백성들이 어느 날부터는 페르시아의 포로가 되었다는 것을 알 수 있습니다. 페르시아는 지금의 이란이라는 나라로, 그때부터 페르시아 제국은 알렉산더 대왕이 나타나 헬라 제국을 세우기 전까지, 최고의 전성기를 보냅니다.

바사의 다리오 왕은 페르시아의 다리우스 왕을 말합니다. 다리우스 왕 하면 그리스와의 마라톤 전투가 생각날 것입니다. 그 다리우스 왕의 아들이 크세르크세스 즉, 성경의 아하수에로 왕입니다. 그리고 아하수에로 왕의 아들인 아닥사스다 왕의 술 맡은 관원장이 바로 느헤미야입니다. 이제 페르시아의 아하수에로 왕 시대에 살았던 하나님의 사람 에스더와 모르드개를 살펴보려고 합니다.

앞에서도 말했듯이 아하수에로 왕은 127도의 넓은 땅을 다스리는 왕으로서, 그는 자신이 즉위한 지 3년째가 되었을 때, 180일 동안 전대 미문의 호화로운 잔치를 베풀었던 것으로도 유명합니다. 잔치의 마지막 날에 아하수에로 왕은 아름다운 왕비 와스디를 많은 사람들에게 보여주고 자랑하려고 불렀으나 왕비가 무슨 이유에서인지 이를 거절하여 왕의 진노를 사고 말았습니다. 결국은 와스디 왕비가 폐위되고 다시 새 왕비를 간택하게 되는데, 이때 이스라엘 포로민의 후손이며 사촌 모르드개의 손에서 양육된 에스더가 그 용모의 아름다움과 지혜로움으로 왕의 눈에 띄어 아하수에로의 새 왕비가 됩니다. 왕은 왕비가 된 에스더를 무척 사랑하여 이를 축하하는 큰 잔치를 베풀기까지 합니다. 하지만 에스더는 모르드개의 조언에 따라, 자신의 국적이 유대인임을 밝히지 않았습니다.

에스더가 왕비가 된 후, 모르드개는 대궐을 지키는 관리가 되었습니다. 얼마 후 모르드개는 왕을 살해하려는 두 내시의 음모를 우연히 듣게 되었고, 이 사실을 급히 에스더에게 알려주었습니다. 에스더는 모르드개의 이름으로 왕에게 보고하여 두 내시의 음모를 막을 수 있었고, 왕의 생명을 구한 이 일로 모르드개의 이름은 궁중일기에 기록되었습니다.

얼마 후 모르드개에게 위기가 발생하게 됩니다. 높은 관직에 있는 하만이라는 아각 사람이 모르드개에게 앙심을 품는 일이 생긴 것입니다. 다름 아니라 하만이 대궐문을 통과할 때 왕의 모든 신하들이 그에게 절하며 존경을 표하였는데, 유독 모르드개만은 하만에게 절하지 않는다는 이유였습니다. 왕의 신하들이 모르드개에게 와서 왕명을 거역하지 말고 하만에게 절을 하라고 권했습니다. 그러나 모르드개는 자신이 유대인임을 밝히고 끝까지 이를 거절합니다. 그러자 그 신하들이 모르드개가 이 일로 무슨 일을 당하게 될지 보고 싶어, 하만에게 모르드개의 국적을 말해주었습니다. 악한 하만은 모르드개가 속해있는 유다 민족 전체를 말살하려는 계획을 세우기 시작합니다. 그는 왕의 인장이 찍힌 조서까지 받아 아달월 13일 하루 동안 유다 백성들 전체를 죽이고 도륙하고 진멸하며 전 재산은 탈취하도록 하게 하는 조서의 초본을 127개 각 도로 보내고, 수산성에서도 반포하였습니다. 모르드개 개인의 위기를 넘어 민족의 위기로 사태가 커져버린 것입니다.

이 일을 알게 된 모르드개는 자신의 옷을 찢고 굵은 베옷으로 갈아 입었습니다. 그리고 대궐 문 앞에서 재를 무릅쓰며 대성통곡하였습니다. 왕의 인장이 찍힌 조서의 내용이 각 도에 알려지자, 많은 유대인들도 크게 울면서 금식하고 굵은 베를 입고 기도하였습니다. 모르드개는 사람을 통하여 에스더에게 이 일을 고하고, 왕에게 알려 유다 백성들을 구하도록 부탁했습니다.

그러나 에스더가 이 일을 하는 것은 생각보다 쉬운 일이 아닙니다. 페르시아 왕에게는 늘 암살에 대한 위험이 있었기에, 왕에 대한 경호가 무척 삼엄했습니다. 페르시아의 모든 사람들이 다 아는 법이 있는데, 누구든 왕이 부르지 않았는데 왕의 안뜰에 들어갈 경우 죽음을 면할 수가 없다는 법입니다. 왕의 암살범으로 오해 받을 수 있기 때문입니다. 혹시 왕이 금 홀을 내밀 경우에나 목숨을 보전할 수 있었습니다.

　　그때 왕은 에스더를 30일이나 부르지 않고 있던 상황입니다. 그러니 왕이 부르지도 않았는데, 에스더가 왕에게 나아가는 것은 아무리 왕비라 해도 목숨은 거는 일인 것입니다. 하지만 모르드개의 설득으로 에스더는 용기를 내기로 했습니다. 자신도 3일을 금식하고 전 유대 백성들에게도 3일 동안의 금식기도로 중보해 줄 것을 부탁했습니다.

　　드디어 3일 째 되는 날, 에스더는 왕 앞에 "죽으면 죽으리라"라는 결심으로 나아갔습니다. 다행스럽게도, 안 뜰에 들어온 왕비 에스더를 본 왕은 에스더가 너무나 사랑스러워 보여서 금 홀을 내밉니다. 그리고 에스더에게 소원을 물으며 나라의 반이라도 주겠다는 약속을 줍니다. 에스더는 오늘 왕을 위한 잔치를 준비했다고 하며 하만과 함께 와주십사고 왕을 초대했습니다. 왕은 즉시 하만을 불러 에스더가 준비한 잔치에 참석합니다. 그리고 또 에스더에게 나라의 절반이라도 주겠다며 소원을 물었습니다. 에스더는 내일 한 번 더 잔치에 하만과 함께 와주시면 소원을 아뢰겠다고 대답합니다. 에스더에게는 손에 땀을 쥐는 하루였습니다.

　　왕비의 잔치에 왕과 자신만이 초대받아 다녀왔다는 사실에 너무나도 기분이 좋았던 하만은 그날도 대궐문을 지나는데 모르드개가 인사를 하지 않자, 아내와 친구들을 불러 모르드개에 대한 불쾌한 심정을 더욱 노골적으로 드러내었습니다. 그러자 하만의 아내와 친구들이 모드드개를 괴롭게 죽일 방법을 알려주었습니다. 높은 나무를 세우고 내일 왕에게 모르드개를 그 나무에 달기를 구한 뒤에 왕비의 잔치에 가면 하만의 노여움이 풀릴 것이라는 것입니다. 거만하고 허영심 많은 하만은 이 제안이 몹시 흡족해, 곧 나무를 세우라고 명령해 놓습니다.

하지만 에스더와 모르드개를 포함한 유대 백성들의 금식기도를 들으신 하나님께서 하만보다 먼저 일하셨습니다. 그 밤에 하나님께서 왕에게 잠이 오지 않게 하셨던 것입니다. 그러자 왕이 역대일기를 가져오라 하여 신하에게 읽게 하였습니다. 페르시아를 포함한 근동은 고대로부터 왕에게 기록들을 읽어주는 신하가 늘 대기하고 있었기 때문에, 그 밤에도 이 일이 가능했습니다.

그 기록을 듣던 중 마침 모르드개가 두 내시의 암살 음모를 알려주어 자신의 목숨을 구해 주었던 대목에 이르자, 왕은 모르드개에게 적절한 보상을 내렸는지 물었습니다. 이 일로 모르드개에게 아무 상이나 벼슬도 내리지 않았음을 알게 되자, 왕은 가장 가까운 곳에 있는 신하에게 이 일을 의논하고 싶어서 왕의 뜰에 있는 신하를 찾았습니다.

마침 하만이 모르드개를 나무에 달기를 왕에게 청하고자 일찍 출근해서 왕의 뜰에 있었습니다. 왕은 하만에게 너무나 고마운 사람에게 어떻게 하면 기쁨을 줄 수 있겠느냐고 묻습니다. 하만은 왕이 자신에게 상을 주려 하는 것으로 착각하고, 자신이 받고 싶은 상을 말하기 시작합니다. "왕의 옷을 입히고, 왕의 말을 태우고, 왕관을 씌워주고, 왕의 가장 신임하는 신하가 '왕을 존귀케 하는 자는 이렇게 존귀를 받으리라' 라고 말해주면서 성을 한 바퀴 돌면 좋겠습니다."

　그러자 잠시 후, 왕이 하만에게, 모르드개에게 왕의 옷을 입히고 왕의 말에 태워, 왕이 가장 신임하는 신하인 하만이 직접 온 성을 돌며 "왕을 존귀케 하는 자는 이렇게 존귀를 받으리라."라고 말하며 다니라고 명합니다. 하만에게는 정말 기가 막히고 당황스러운 일이었습니다. 그러나 왕의 명령을 거역할 수 없었고, 이 일은 즉시 시행되었습니다. 하만의 굴욕은 그를 번뇌케 해서 잠시 집에 가서 쉬고 와야 할 정도였습니다. 그러나 집에 도착하기가 무섭게 하만은 왕명으로 에스더의 잔치에 참석하기 위해 바로 출발해야 했습니다.

　어제에 이어 두 번씩이나 왕비가 잔치를 열어 왕을 초대하자, 왕은 에스더에게 다시 소원을 말해보라고 했습니다. 세 번씩이나 나라의 절반이라도 주겠다는 말을 할 정도로 왕은 에스더를 사랑하고 있었습니다. 에스더는 용기를 내어 자신과 자신의 동족들이 다 죽어 진멸 당하게 되었음을 밝히고 구해줄 것을 부탁했습니다. 자신이 유대인임을 밝히는 에스더의 말을 듣는 순간, 하만의 얼굴이 하얗게 질렸습니다. 왕이 너무나도 진노하여 잠시 잔치자리를 떠나 후원에 간 사이에, 하만은 왕비의 옷을 붙잡고 생명을 구해줄 것을 부탁합니다. 그런데 바로 되돌아와서 이 장면을 목격한 왕은 하만이 왕비를 범하려고 하는 줄 오해하여 그 진노가 하늘에 닿을 정도였습니다.

　마침 거기에 함께 있던 왕의 한 신하가 하만이 왕의 목숨을 구해준 모르드개를 달려고 오십 규빗이나 되는 나무를 세워 놓았다고 고했습니다. 화가 난 왕은 즉시 하만이 모르드개를 달려고 세워 놓은 그 나무에 하만을 매달라고 명령했습니다. 그리고 하만에게 주었던 최고 신하의 인장 반지를 모르드개에게 주었으며, 에스더의 소원을 들어주기로 합니다.

그러나 한번 왕의 반지로 도장을 찍은 조서는 취소할 수 없는 게 페르시아의 법이었습니다. 그래서 모르드개는 아달월, 즉 12월 13일 하루 동안 페르시아 전역에 있는 유대인들은 공식적으로 무장을 할 수 있고, 유대인들을 죽이려고 하는 자는 대항해 죽이고, 그날에 원수들을 갚으며 원수들의 재산을 몰수할 수 있도록 다시 조서를 쓰고 왕의 반지로 인을 쳐서 내렸습니다. 페르시아의 아하수에로 왕이 한 일 중에 가장 파격적인 일이었습니다.

유대인들은 이 일을 기념하여 아달월 14일과 15일 두 날을 '부림절' 이라는 명절로 지키고 있는데, 이날은 잔치를 베풀고 서로 예물을 주며 가난한 사람을 구제하는 날입니다. 여성 CEO에스더와 믿음의 후원자 모르드개는 이렇게 민족의 위기를 기회로 바꾸어 내서 슬픔의 날을 기쁨의 날이 되게 하였던 멋진 하나님의 사람들이었습니다.

신부 엿눈자눈 신낭이니
신낭의 벗이 벗서 기뒬이다가
신낭의 소뤄룰 듯고
심하 즐겨 ᄒᆞ누니
누이제 즐기미가 득ᄒᆞ엿노라
뎌노 반다시 붕ᄒᆞ고
나ᄂᆞ 쇠ᄒᆞ리냐

신부를 취하는 자는 신랑이나
서서 신랑의 음성을 듣는 친구가 크게 기뻐하나니
나는 이러한 기쁨으로 충만하였노라
그는 흥하여야 하겠고 나는 쇠하여야 하리라 하니라
- 요한복음 3장 29-30절

CEO의 들러리를 기뻐한
세례 요한

그가 요단강에 나타나자 구름떼같이
사람들이 모여들었습니다. 일단 약대털옷을 입고 가죽 띠를 두르고 있
는 그의 의상이 너무 독특해서 사람들의 이목을 끌기에 충분했습니다.
게다가 먹는 것도 예사롭지 않아, 주식이 메뚜기와 석청이었고, 그의 눈
빛은 감히 마주 할 수 없을 정도로 날카로웠습니다. 로마의 지배 하에서
크게 숨 한번 쉬지 못하고 살고 있던 이스라엘 백성들에게 이 사람 세례

요한의 거침없는 설교는 매우 강렬한 인상을 주었습니다. 그래서 이스라엘 백성들은 세례 요한의 말대로 요단강에 줄 지어서서 죄를 회개하고 세례를 받았습니다.

세례 요한은 로마의 지배층에게 아부하며 자신들의 안위만을 돌보는 이스라엘 종교지도자들과 바리새인들을 향해 거침없는 비판의 말을 쏟아놓았습니다. 일명 '도끼설교' 라고 불리는 그의 설교들은 의표를 찌르는 강력한 메시지로 듣는 이들을 섬뜩하게 했습니다. 백성들이 세례 요한을 자신들이 기다렸던 메시야라고 생각할 정도였습니다. 이제 이 메시야를 통해 로마로부터 해방되고 유대 나라가 독립되어 자유민으로 살 수 있는 날이 곧 올 것만 같았습니다.

그러나 세례 요한은 오히려 사람들이 그런 생각을 할 때마다 자신은 물로 세례를 주지만, 자신의 뒤에 오실 분께서는 성령으로 세례를 주실 것이라고 증거합니다. 그리고 더 나아가 자신은 그분의 신발 끈을 묶어드리기에도 부족한 사람이라고 말합니다. 그러나 많은 사람들이 세례 요한에게 열광했고, 세례 요한을 따르는 제자들도 생겨났습니다.

그런데 얼마 후, 우리 예수님께서 오시더니 그에게 세례를 받으시겠다고 하십니다. 늘 당당한 모습이었던 세례 요한이지만, 이때만큼은 참으로 황송해합니다. 하지만 세례 요한은 예수님께서 하시는 말씀을 듣고는 조심스럽게 예수님께 세례를 베풀었습니다. 얼마 후 예수님께서는 사람들에게 세례를 주시고, 또한 "회개하라 천국이 가까웠다"라는 메시지를 선포하십니다. 그러자 세례 요한을 따르던 많은 사람들이 예수님께로 향했습니다. 그러자 세례 요한의 제자들이 "선생님! 많은 사람들이 예수라는 분에게 가서 세례를 받고 있습니다!"라고 하며, 세례 요한에게 불평을 토로했습니다. 그러자 그런 제자들에게 오히려 세례 요한은 이렇게 말합니다.

"너희들은 불만을 가질 게 아니라, 바로 나를 예수 그리스도 앞에 보내심을 받은 자라고 증언해 줘야 한다. 신부를 취하는 자는 신랑이지만, 신랑의 음성을 듣는 친구도 큰 기쁨이 있다. 내가 바로 그 기쁨을 누리고 있다는 사실을 깨닫지 못했느냐! 예수 그리스도, 그분이야말로 흥하여야 하고, 나는 쇠하여야 한다."

세례 요한은 우리 예수님이 인류를 위한 진정한 CEO이심을 알고 있었기에, 기꺼이 그분 뒤에 서는 스태프의 기쁨, 그 들러리의 기쁨을 말할 수 있었습니다. 우리 인생들을 위해 이 땅에 오신 우리 CEO예수님의 길을 미리 예비하기 위해 세례 요한은 의상과 소품, 설교를 준비하고 사람들의 마음을 한 곳에 모아놓았던 것입니다. 그리고 모아진 마음도, 관심도 모두 예수님께로 돌려놓고, 자신은 무대 뒤로 사라지는 역할을 기쁘게 감당하고 있는 것입니다.

군병들에게도 권력을 가졌다는 이유로 사람들에게 함부로 하지 말라는 메시지를 거침없이 선포하던 세례 요한은 분봉왕 헤롯의 잘못까지 모든 사람들 앞에서 정면으로 지적했습니다. 당시 그의 아버지 대헤롯의 뒤를 이어 갈릴리와 베뢰아 지방을 다스리고 있던 헤롯 안티파스(안디바)는 자신의 본처를 내어 쫓고, 동생 빌립의 아내 헤로디아와 함께 살고 있었습니다. 세례 요한은 헤롯 안티파스가 가장 감추고 싶어하는 이 일을 거침없이 드러내 밝히면서, 그 일의 부도덕함을 모든 사람 앞에서 비판하였습니다.

이 일로 몹시 화가 나있던 헤롯은 기회를 잡아서 세례 요한을 감옥에 가두었습니다. 그러나 헤롯은 세례 요한을 선지자로 여기며 따르는 백성들을 두려워하여 차마 죽이지는 못하고 있었습니다. 그런데 헤롯의 생일에 헤로디아의 딸 살로메가 춤을 추어 헤롯을 즐겁게 하자, 헤롯은 살로메에게 소원이 있으면 뭐든 들어주겠으니 말해보라고 합니다. 그러자 살로메는 세례 요한의 머리를 쟁반에 담아 그 자리에서 당장 달라고 합니다. 자신의 결혼이 잘못이라고 말한 세례 요한에게 앙심을 품은 헤로디아가 딸에게 그리 시켰기 때문입니다.

헤롯은 여전히 백성들을 두려워했지만, 많은 사람들 앞에서 뱉은 약속을 지킬 수밖에 없었습니다. 그렇게 하여 그날 세례 요한의 머리는 쟁반에 담기고 말았습니다. 이렇게 세례 요한은 불꽃 같은 그의 사역을 마치고, CEO 우리 예수님의 길을 연 후에 젊은 나이에 생을 마감합니다.

누군가를 위한 조연의 역할을 진심으로 기쁘게 감당하기란 쉽지 않습니다. 그런데 세례 요한은 예수님의 스태프로서의 역할을 최선을 다해 마무리하고, 인류를 위한 CEO예수님 뒤로 조용히 물러나, 그것을 자신의 기쁨이라고 이야기한 사람이었습니다.

우리 예수님께서는 "여자가 낳은 자 중 세례 요한보다 더 큰 자는 없다."라고 그를 높이 평가해 주셨습니다. 세례 요한을 제대로 아는 사람은 우리 예수님의 이 평가에 대해 공감할 것입니다. 세례 요한. 그가 온 몸으로, 온 생으로 말해주었던 이 들러리의 기쁨은 우리 예수님의 길을 예비한 아름다운 기쁨이었습니다.

너희 아버지의 자비로우심 같이
너희도 자비로운 자가 되라
—누가복음 6장 36절

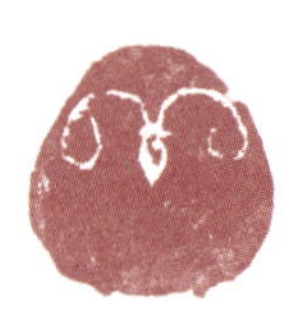

마가복음 때 세상 장사 심료떨

요셉이 가는 베를 사고
시신을 취하여 거리워 싸서
반석에 판 바 무덤에 장사하고
돌을 교문어 굴니더라

이천칠년 대강절 첫날에 소림

요셉이 세마포를 사서 예수를 내려다가
그것으로 싸서 바위 속에 판 무덤에 넣어 두고
돌을 굴려 무덤 문에 놓으매
— 마가복음 15장 46절

CEO를 위해 헌신한
가난한 요셉과 부자 요셉

성경에서 만나는 많은 사람들 중에는
동명이인(同名異人)이 종종 있습니다. 요한도 여럿이고, 야고보의 경우
에도 그렇고, 특히 요셉이라는 이름을 가진 사람은 다섯 명이나 됩니다.
애굽의 총리 요셉, 마리아의 남편인 요셉, 아리마대의 부자 요셉, 가룟
유다를 대신한 제자 후보였던 유스도 요셉, 별명이 바나바인 요셉. 이번
에는 그 중에서 두 사람의 요셉을 소개하려 합니다.

이 두 사람은 우리의 진정한 CEO예수님을 위해 아름답게 쓰임 받았던 스태프들입니다. 바로 가난한 요셉과 부자 요셉입니다. 우리 예수님이 이 땅에 오실 때에는 가난한 스태프 요셉의 헌신을 받으셨습니다. 그리고 십자가 위에서 돌아가시고 난 후에는 부자 스태프 아리마대 사람 요셉의 헌신을 받으셨습니다. 이들은 우리 예수님을 위해서 자신들이 할 수 있는 가장 소중한 것들을 기꺼이 내어 놓은, 지금 다시 생각해봐도 참 고마운 사람들입니다.

먼저 가난한 요셉부터 만나보겠습니다. 그가 살았을 당시, 이스라엘은 로마의 지배를 받고 있었기 때문에, 유대 백성들은 대부분 가난한 삶을 살고 있었습니다. 요셉도 마찬가지여서, 그는 목수 일을 하며 근근이 살아가고 있었습니다. 그렇게 건실하게 살던 청년 요셉은 마리아라는 착하고 예쁜 여인과 정혼합니다. 그런데 혼인할 날을 기다리며 작은 행복 속에 살고 있던 요셉에게 믿기지 않는 소식이 들려왔습니다. 자신과 정혼한 마리아가 임신을 했다는 것입니다.

소식을 들은 그날 밤, 요셉은 밤이 새도록 잠을 이루지 못했습니다. 그러나 이 일이 드러나면 마리아는 율법에 의해 많은 사람들이 모인 곳에서 돌에 맞아 죽을 수도 있었습니다. 차마 그렇게 할 수는 없었던 요셉은 결국 많은 생각 끝에 마리아와 조용히 파혼하고 이 일을 마무리하기로 결정을 했습니다.

그러나 머리로는 그렇게 결정을 내리고도, 마음속으로는 이 상황을 받아들이기가 쉽지 않았습니다. 하나님께서 자신에게 왜 이런 일을 주셨을지 고민하며, 깊이 생각하고 또 생각했습니다. 그때 주의 사자가 요셉에게 나타났습니다. 주의 사자는 요셉에게 "마리아 데려오기를 무서워 말라."라고 하며, "그에게 잉태된 자는 성령으로 된 것이라 아들을 낳으리니 이름을 예수라 하라 이는 그가 자신의 백성을 그들의 죄에서 구원할 자이심이라."라고 알려주었습니다.

주의 사자의 말씀을 들은 믿음의 사람 요셉은 이제 자신의 생각을 가지고 더 이상 고민하지 않습니다. 이 모든 일이 하나님의 계획 속에서 진행된 일임을 알게 된 요셉은 하나님이 시키신 대로 순종하기로 합니다. 요셉은 서둘러 마리아와 결혼식을 올리고, 마리아를 자신의 집으로 데려와 태어나실 예수님을 기다리며, 행여 마리아에게 불명예스러운 일이 생기지 않도록 배려를 아끼지 않았습니다.

마리아의 출산일이 가까워왔지만 이들은 로마의 초대황제 아우구스투스의 명으로, 고향 베들레헴까지 호적하러 가야 했습니다. 만삭의 마리아와 함께한 이 여행길은 그리 쉽지 않았을 것입니다. 게다가 베들레헴에 도착해보니, 여관방이 모두 차서 그들이 머물 만한 숙소를 구할 수가 없었습니다. 가난한 요셉은 겨우겨우 빈 마구간을 구해 들어갈 수 있었습니다. 그 초라한 마구간에서 마리아는 아기를 낳았습니다. 그리고 비어있는 말구유에 지푸라기를 깔고 강보 하나 둘러 아기를 뉘어 놓았습니다. 이 아기가 바로 온 인류의 CEO되시는 우리 예수님입니다.

왕이 될 아기가 태어났다는 소식을 듣고, 아기 예수님을 죽이려 하는 헤롯의 칼을 피해, 요셉은 마리아와 아기 예수님을 데리고 애굽으로 도망가야 했습니다. 예수님이 이 땅에 오실 때, 이처럼 요셉의 소중한 헌신이 있었습니다. 요셉, 그는 정말 CEO 중의 CEO를 위해 헌신했던 귀한 스태프입니다.

또 다른 스태프 요셉도 정말 좋은 사람입니다. 이 사람은 아리마대 지역의 사람으로 공회원이었으며 이름난 부자였습니다. 가난한 스태프 요셉의 헌신을 받으시며 이 땅에 나셨던 우리 예수님께서 이 땅에서의 33년간의 삶을 마무리하시고 십자가 위에서 돌아가셨을 때, 바로 이 부자 요셉의 헌신을 받으셨습니다. 우리의 CEO예수님이 십자가 위에서 돌아가셨을 때, 예수님 주변의 어떤 사람도 감히 나서서 예수님의 시신을 가져다 장사 지낼 수가 없었습니다. 그때 이 부자 아리마대 요셉이 나선 것입니다.

요셉은 로마 총독 빌라도에게 면담을 신청했습니다. 로마 총독인 빌라도가 면담을 신청했다고 해서 아무나 만나주지 않지만, 요셉의 면담 신청은 바로 수락되었습니다. 그 이유는 요셉이 부자였기 때문입니다. 그리고 요셉이 예수님의 시신을 달라고 하자 빌라도가 순순히 내어준 것을 보면, 요셉의 재물이 이 일을 가능케 했음이 틀림없습니다. 미녀가 석류를 진짜 좋아하는지는 모르겠지만, 로마 총독이 돈을 좋아하는 것은 확실하니 말입니다. 부자들은 자신의 재산이 줄어드는 것을 가장 불쾌해합니다. 그런데 부자 요셉은 그의 CEO예수님을 위해 자신의 가장 중요한 것을 기꺼이 내놓을 줄 아는 멋진 스태프였습니다.

하나님의 물질을 맡은 청지기의 사명을 제대로 해낸 사람이 있다면 바로 이 부자 요셉일 것입니다. 이러한 요셉의 헌신 덕분에 십자가 위에 매달려있던 우리 예수님의 시신은 요셉이 자신의 가족들을 위해 마련해 놓았던 새 묘실에 안치될 수 있었습니다. 물론 예수님께서는 그곳에 단지 사흘 동안만 머무셨지만, 예수님을 위해서 부자 요셉이 드린 귀한 헌신은 소중하고 꼭 필요한 것이었습니다.

사람 사랑하시는 일에 그토록 바쁜 날들을 보내셨던 우리의 진정한 CEO예수님을 위해 수고했던 가난한 요셉과 부자 요셉의 헌신이 참으로 소중하고 아름답고 귀합니다.

화평하게 하는 자는 복이 있나니
그들이 하나님의 아들이라 일컬음을 받을 것임이요
-마태복음 5장 9절

네가 홀 속에
바를 꿰리고
오라

그가 나의 말에

유미 하나라

나를
데 후
나서 정
말씀
속에
밥이
고 情
이럿젍 이 :
보 새일
세봄 젇
代筆 소춘

네가 올 때에 마가를 데리고 오라
그가 나의 일에 유익하니라
- 디모데후서 4장 11절

CEO를 기록한 마가

마가가 무척 곤란한 처지에 빠졌습니
다. 자기 때문에 외삼촌인 바나바와 바울이 언성을 높이며 다투고 있기
때문입니다. 자신의 삼촌 바나바가 저렇게 큰 소리로 자기주장을 굽히
지 않는 것을 본 적이 없습니다. 늘 누군가를 위로하고 격려하는 사람이
기에 요셉이라는 본명이 있음에도 불구하고, 사도들이 '위로자, 격려자'
라는 뜻으로 지어준 바나바라는 별명이 이름이 되신 분입니다. 그런데

그 겸손하고 부드러운 삼촌이 그토록 좋아하는 친구 바울과 자신의 거취문제를 놓고 다투시는데, 마가는 몸 둘 바를 몰랐습니다. 바울 또한 복음을 위해 목숨을 걸고 그 모진 고난을 이겨내며 전도여행을 다니시는 분이기에 마가가 미워서 그러는 것이 아님을 마가도 잘 알고 있습니다. 그래서 더욱 마가는 괴로웠습니다. 다 자기 때문입니다. 제1차 전도여행 중에 바보처럼 되돌아오지만 않았어도….

두 분이 한참을 다투시더니 따로 전도여행을 떠나시겠다고 결정을 내리셨습니다. 마가는 삼촌 바나바에게 무척 죄송했고, 한편으론 바울에게 조금은 섭섭하기도 했습니다. 하지만 자신이 내세울 만한 것은 아무 것도 없습니다. 그저 외삼촌 바나바와 함께 새로운 곳에 복음을 전하고 교회들을 굳건히 세우기 위해 구브로로 가는 배에 몸을 실었습니다. 바울은 새로운 동행자 실라와 함께, 지난 전도여행 중에 개척했던 교회들을 다시 돌아보기 위해 또 다른 길로 출발하였습니다.

바울과 함께했던 1차 전도여행 때처럼 '고난'이라는 친구가 또 따라 붙었습니다. 삼촌 바나바와 복음을 전하다 돌로 맞고 도망하면서도 주의 복음을 전하는 일에 이번엔 결코 포기하지 않으리라 결심한 마가는 바나바보다 더 열심이었습니다. 주의 복음을 받아들인 성도들의 모임인 교회들이 새로 많이 생겨났습니다. 부잣집 도련님이었던 마가는 어느새 복음 전도인으로서 거듭나고 있었습니다.

마가의 집은 마가가 태어났을 때부터 무척 부자였습니다. 로마제국 치하에 살고 있는 유대인이었지만, 마가의 아버지는 대대로 부자인데다 매우 능력 있는 사람이어서 부를 계속 유지할 수 있었습니다. 예루살렘 안의 대저택이 그의 집이었습니다. 120명이나 되는 사람들이 그의 집 다락방에 모여 기도하면서 숙식을 해결할 수 있었을 정도이니, 보통 부자를 넘어 대부호라고도 할 수 있습니다. 그의 외삼촌 바나바도 마가네 집만큼은 아니라 해도 꽤 대단한 부자였습니다. 그런데 바나바는 예수 그리스도를 구주로 섬기게 되면서부터, 온통 주님 한분만으로 만족한 삶을 살게 되었습니다.

한두 명도 아니고 초대교회 120명의 사람들이 모여 기도한다는 것은 집의 사적 존재 이유를 포기하고 그곳을 공공의 장소로 헌납하는 일이었습니다. 보통 사람들은 상상도 할 수 없는 일입니다. 그러나 120명이 먹고 자고 생활하다보니 성령이 충만한 사람들의 모임이라 해도 생각했던 것보다 많은 어려움이 있었습니다. 그리고 성도들의 숫자는 계속 늘어나고 있었으며, 또한 아무리 부자인 마가네 집이라 해도 그 많은 사람들의 숙식과 생활비를 계속 충당하기는 쉽지 않았습니다. 왜냐하면 성도들은 대부분 너무나도 가난한 사람들이었기 때문입니다.

사도들이 이 문제로 고민하자 바나바가 전 재산을 팔아 교회에 내어 놓았습니다. 이제 사도들은 더욱 용기를 내어 복음 전도와 성도를 돌보는 일에 전념할 수 있게 되었습니다. 이렇게 초대교회에 바나바의 헌신적인 역할은 정말 대단했습니다.

또한 바울을 초대교회의 사도들에게 추천한 사람도 바로 바나바입니다. 초대교회의 정말 귀한 인재인 스데반을 돌로 쳐 죽게 하는 데 앞장 선 바울을 교회의 일원으로 받아들이는 일은 하나같이 반대였습니다. 바울이 예수 믿는 성도들을 체포하러 다메섹으로 가던 중 예수 그리스도를 만나 그리스도인이 되었다고는 하나, 그의 과거전력 때문에 의심의 눈초리를 바꿀 수가 없었던 것입니다.

그래서 바울은 교회의 일원으로 들어오지 못하고 고향에 돌아가 있었습니다. 그러한 바울을 믿어주고 보증해주고 추천한 사람이 바나바입니다. 바나바의 추천으로 바울은 초대교회 안으로 들어올 수 있었습니다. 그리고 바나바는 사도들과 바울의 관계가 예수 그리스도 안에서 올바른 관계가 되도록 노력을 아끼지 않았습니다.

그 후 이방지역인 안디옥에 예수 믿는 성도들이 생겼다는 놀라운 보고를 받은 예루살렘교회는 큰 기쁨으로 바나바를 안디옥교회에 파송했습니다. 이때 바나바는 바울을 데리고 함께 안디옥으로 갔습니다. 바나바의 귀한 인품과 믿음으로 안디옥교회는 든든히 서게 되었고, 안디옥교회는 이방인 선교의 전초기지로 쓰임 받을 만큼 성장할 수 있었습니다.

안디옥교회는 바울과 바나바가 소아시아 전역으로 제1차 전도여행을 떠날 수 있도록 베이스캠프가 되어주었습니다. 그렇게 바울과 바나바가 제1차 전도여행을 떠날 때, 마가가 그 전도팀에 합류했던 것입니다. 그런데 그 전도여행이 어찌나 힘들고 고생스럽던지, 마가는 도중에 견디지 못하고 집으로 되돌아갔습니다. 그토록 고생스러웠던 전도여행을 2년 동안 다녀온 바울과 바나바는, 하지만 잠시의 휴식 이후, 다시 소아시아에 세워진 교회들을 돌아보고 더 많은 지역에 복음을 전하기 위해 제2차 전도여행을 계획하게 되었습니다. 그런데 마가의 일로 두 사람이 다투고 따로 전도여행을 떠나왔으니 마가의 마음엔 큰 부담이 있었던 것입니다.

실라와 함께한 바울은 드로아라는 곳에서 신실한 헬라인 의사 누가와 합류하였고, 1차 전도여행 지역이었던 소아시아를 거쳐 유럽으로까지 복음을 전하러갔다는 소식이 들려졌습니다. 바나바는 마가에게 이 소식을 전하면서, "역시 바울!"이라며 기뻐했습니다. 언제 다투었냐는 듯 말입니다. 그러자 기회다 싶어 마가가 조심스럽게 삼촌 바나바에게 물었습니다. 물론 두 분이 두 번째 전도여행에 마가를 합류시킬 것인가 아닌가로 의견이 달랐던 것은 알지만, 바울을 예루살렘교회에 추천한 바나바에게 바울이 그렇게 심하게 자기의 주장을 펼친 것에 대한 바나바의 마음을 살펴보고 싶었던 것입니다.

바나바는 기꺼이 대답해주었습니다. 이 모든 일이 성령님의 계획하심이며, 바울은 결국 주의 큰일을 해낼 주의 신실한 종으로, 그의 귀한 삶을 살아낼 것이라고 말입니다. 그리고 결국엔 마가가 바울과 함께 전도여행을 할 수 있을 만큼 훈련되어지기를 바란다는 바나바의 깊은 속마음을 전했습니다. 역시 바나바였습니다. 마가는 삼촌인 바나바의 속마음을 알게 되자 자신을 쓰임 받을 만한 전도인으로 키우기 위해 바울과의 다툼까지도 감수했던 삼촌에게 너무 죄송했습니다.

마가는 주의 복음이 더 널리 전파되도록 최선을 다하기로 결심했습니다. 삼촌 바나바의 사랑과 노력이 헛되지 않도록, 주님이 쓰시기에 더욱 합당한 전도인으로 자신이 훈련되어지기를 소망했습니다. 바나바는 마가의 외삼촌이자 스승이었습니다. 바나바는 바울을 추천했고, 마가를 키워낸 위로자이며 격려자였던 것입니다.

세월이 많이 흘렀습니다. 바울이 로마 감옥에 갇혀 계시다는 소식이 전해졌습니다. 마가는 바울이 몹시 걱정되었습니다. 그런데 바울의 제자 디모데에게서 연락이 왔습니다. 로마 감옥에 있는 바울이 얼마 남지 않은 자신의 생을 예감하고 있는데, 그전에 마가를 보고 싶어하신다는 소식이었습니다. 바울의 사역에 마가가 꼭 필요하니 로마로 와 달라는 부탁을 하셨다고 합니다.

마가는 바울이 자신을 보고 싶어하신다는 말씀에 눈물이 날 정도로 감격스러웠습니다. 1차 전도여행 중에 보았던 바울의 열정을 기억하며 바울처럼 살기를 소망하며 살아왔던 마가의 삶에 이 소식은 큰 위로와 격려가 되었습니다. 외삼촌 바나바의 지도와 가르침으로 훈련된 마가는 이제 전도인으로 손색이 없는 사역자가 된 것입니다. 바울은 그의 사역을 마감하면서 다음 세대의 일꾼으로 디모데와 디도 그리고 마가를 불러 당부하고 싶었던 것 같습니다. 이렇게 마가는 훌륭한 교회 지도자로 키워졌습니다.

그리고 은혜 가운데 마가는 우리 CEO예수님의 소중한 사역들을 정리해서 기록할 수 있는 기회를 갖게 되었습니다. 마가는 직접 예수님의 사역에 참여해서 본 것은 아니지만 사도들의 증언과 자료들을 꼼꼼히 모아 더 많은 사람들에게 예수님을 알리기 위해 「마가복음」을 기록해서 오늘날 우리 손에도 들려주고 있습니다. CEO예수님의 사역을 기록하는 은혜를 누린 마가는 이렇게 훈련되어진 귀한 하나님의 사람이었습니다.

이같이 너희 빛이 사람 앞에 비치게 하여
그들로 너희 착한 행실을 보고
하늘에 계신 너희 아버지께 영광을 돌리게 하라
－마태복음 5장 16절

싀키셔서
쥬ᄭᅴ 갈오뒤
너 잇ᄂᆞᆫ 바
셕반으로써
가졀 눈을 건지되
만약 뉘히롤
토셕ᄒᆞ엿ᄉᆞ면
사곳술 갑갓나이다 후
예수 갈오샷뒤
인즈가 오문
망호쟈룰 차쟈
구완ᄒᆞ미라 후더라

누가복음 뎨십구쟝 콸구십졀 말ᄉᆞᆷ
쥬후 이쳔칠년 시 봄날 소금

샤ᄒᆞᆯ꼬보 러어울 러으닐 수예 나후 져꼬보 나올게 남생

삭개오가 서서 주께 여짜오되
주여 보시옵소서
내 소유의 절반을 가난한 자들에게 주겠사오며
만일 누구의 것을 속여 빼앗은 일이 있으면
네 갑절이나 갚겠나이다
예수께서 이르시되 오늘 구원이 이 집에 이르렀으니
이 사람도 아브라함의 자손임이로다
인자가 온 것은 잃어버린 자를 찾아
구원하려 함이니라
- 누가복음 19장 8-10절

CEO가 보고 싶어
나무 위에 올라간 삭개오

유대 동족들이 자신에 관해 하는 말에
대해서 일부러 듣지 않으려고 귀를 막고 산 지 오래되었습니다. 개인도
종이 되면 그 사람의 주체성이 없어지는 것인데, 나라가 남의 손에 넘어
간 상황에서 빨리 그것에 적응하여 사는 것이 뭐 그리 나쁜 일인가 생각
하며 삭개오는 혼자 그렇게 스스로를 합리화했습니다.

이스라엘에는 구약의 말라기 선지자 이후 약 400년에 걸친 긴 세월 동안 하나님의 사람들이 나타나지 않았고, 국토는 근동의 여러 나라의 패권싸움에 휩쓸려 늘 전쟁터였습니다. 페르시아 제국, 알렉산더의 헬라 제국, 그리고 알렉산더의 장군들이었던 프톨레미와 셀루커스 등의 패권다툼 때문에 이스라엘은 늘 전쟁터였습니다. 그러다가 새로운 세력인 로마라는 나라가 제국주의를 드러내며 동방까지 세력을 펼치는 가운데, 이스라엘이 이번엔 로마의 식민지가 된 것입니다.

이스라엘이 로마 제국의 식민지가 된 후에, 삭개오는 세리라는 직업을 선택했습니다. 그 후로 개인의 경제적인 면은 오히려 훨씬 윤택해졌습니다. 로마는 자기의 식민지로부터 세금을 거두어 가는 일에 천재적인 사람들 같았습니다. 이스라엘 내의 세금을 거두는 일에 자기와 같은 이스라엘 사람들 중 몇 명을 택하여 선별해 이 일을 맡기는 것을 보면 말입니다.

삭개오는 남의 눈을 의식하지 않고 오히려 더 열심히 세금을 거두어 로마에 잘 바쳤기에 로마는 그의 능력을 인정해, 여리고 성의 세리장으로 진급을 시켜주었습니다. 이처럼 로마에게는 인정을 받았지만, 이스라엘 백성들은 창녀와 세리를 동급으로 여길 만큼 세리를 더럽게 보고 사람으로 취급하려하지 않았습니다. 이스라엘을 억압하고 다스리는 로마도 미웠지만, 그 로마를 위해 세금을 걷는 세리들이 더욱 미웠기 때문입니다. 그래서 이왕 욕먹는 직업이라고 생각한 삭개오는 개인적인 착복도 스스럼없이 했습니다. 이미 동족에 대한 사랑은 이 직업을 택하면서 버리기로 마음먹었고, 더러운 물건으로 취급받으며 사는 김에 부정한 재산 축적 정도는 양심에 거리낌을 가질 이유도 없다고 생각했습니다. 생각은 그렇게 하고 행동도 그렇게 하는데, 왜 밤에 깊은 잠을 못 이루고 괴로운지, 그것이 바로 삭개오의 고민이자 고통이었습니다.

삭개오는 여리고 성에서 가장 좋은 집을 구입하고, 종들도 많이 두고 사는 부자도 되었습니다. 그러나 그 넓은 집에는 찾아오는 친구도 없고, 식탁 위의 산해진미도 삭개오의 입맛을 나게 하지 못했습니다. 아무리 부자가 되어서 넓고 좋은 집에 살아도 삭개오는 늘 외롭고 행복하지 않았습니다. 길을 지나며 만나는 사람들의 싸늘한 눈빛을 아무리 앞에서는 외면한다 해도, 그의 등 뒤로 차갑게 꽂혀오는 시선이 너무나 뼈저리게 느껴졌습니다. 그렇다고 세리 이전의 삶으로 되돌아 갈 수도 없습니다. 그는 그저 하루하루를 그렇게 버티듯 살아가고 있었습니다.

그런데 어느 날, 삭개오는 예수라는 사람에 대한 소문을 듣게 되었습니다. 그분이 행하신 많은 기적과 치유, 그리고 천국에 대해 들려주시는 이야기들이 너무나도 신기하고 좋아서 삭개오는 어느새 예수님 이야기만 나오면 듣고 싶어 견딜 수가 없었습니다. 이렇게 만나보지도 않은 누군가를 좋아해 본 적이 없었습니다. 특히 예수님은 12명의 제자들과 함께 다니시는데 그 중에 자신과 같은 세리 출신이 있다는 말에 삭개오는 가슴의 떨림을 느꼈습니다.

사람들은 예수님을 세리와 죄인의 친구라고 불렀습니다. 로마제국

하의 세리라는 직업은 절대 '친구' 라는 단어를 가질 수 없습니다. 심지어 가족들조차 부끄러워하는 세리를 누가 친구로 삼으려 하겠습니까? 그런데 예수님께서는 세리를 친구로 삼으시고 제자로도 삼으셨다는 것입니다. 이 사실은 삭개오를 흥분시키기에 충분했습니다. 혹시 나의 친구도 되어주실 수 있을까 하는 생각을 하다가, 이내 부끄러워 고개를 젓곤 했습니다.

예수님에 대해서 듣고 난 후부터, 삭개오는 그 예수님이 너무나도 보고 싶었습니다. 그렇게 훌륭하신 분이 세리의 친구가 되어주신다니 기회만 되면 꼭 예수님을 뵙고 싶었습니다. 그리고 세리 출신이라는 예수님의 제자도 꼭 한번 만나보고 싶었습니다. 예수님을 만나면 자신에게 새로운 삶이 열릴 수 있을지도 모른다는 작은 희망이 삭개오를 들뜨게 했습니다. '희망' 이라는 말이 삭개오에게도 이제 존재하는 단어가 되었습니다.

그러던 어느 날, 예수님께서 여리고로 오신다는 소문을 듣게 되었습니다. 삭개오는 잠을 이룰 수가 없었습니다. 과연 그분을 만날 수 있을지 두근거리는 삭개오의 심장이 밤새 지칠 줄 모르고 뛰었습니다.

드디어 예수님과 예수님의 12제자들이 여리고 성에 도착했습니다. 삭개오는 제일 먼저 뛰어가서 뵙고 싶었지만, 사람들의 이목이 두려워 멀리서 예수님의 모습을 보기로 했습니다. 그러나 그 작전은 좋은 작전이 아니었습니다. 생각했던 것 이상으로 사람들이 너무 많이 모여들어서 먼발치에서는 예수님의 모습을 볼 수가 없었던 것입니다. 키가 작은 삭개오는 사람들 사이로 들어가더라도 예수님을 자세히 볼 수 없을 것 같았습니다. 삭개오는 주체할 수 없는 열정으로 그 근처에 있는 뽕나무 위로 올라가기 시작했습니다. 체면도 생각하지 않았습니다. 그저 예수님을 보고 싶다는 마음뿐이었습니다.

뽕나무 아래쪽으로 예수님의 모습이 보였습니다. 그 인자하신 모습이 삭개오의 눈에 들어왔습니다. 그런데 갑자기 예수님께서 나무 위쪽을 올려다보시더니, "삭개오야! 내려오너라. 내가 오늘 너희 집에 가서 너와 함께하고 싶구나."라고 말씀하셨습니다. 아니, 이게 무슨 일입니까! 너무 놀란 삭개오가 얼른 뽕나무에서 내려왔습니다. 어떻게 자기 이름을 아시게 되었는지 여쭤볼 생각도 못했습니다. 사람들은 예수님이 죄인의 집에 들어가신다고 수군거렸습니다.

어느 누구도 가려고 하지 않는 세리 삭개오의 집에 가장 귀한 손님을 모셨습니다. 정말 예수님께서 자신의 집에 와 주시리라고는 상상도 못했습니다. 삭개오는 예수님께서 말씀하시기 전에 먼저 주님께 말씀드렸습니다. 자신의 소유의 절반을 가난한 사람들에게 주겠노라고…. 그리고 지금까지 토색한 것은 네 배로 갚겠노라고…. 우리 예수님께서 기쁜 얼굴로 삭개오에게 말씀하셨습니다.

"오늘 구원이 이 집에 이르렀다. 삭개오도 아브라함의 귀한 후손이다. 내가 이 땅에 온 것은 잃어버린 자를 찾아 구하려 함이다."

삭개오는 이 땅에 오신 진정한 CEO 우리 예수님이 보고 싶어 뽕나무 위에 올라갔던 사람입니다. 예수님께서는 죄인을 구하러 이 땅에 오셨습니다. 사람 사랑하시느라 피곤하신 우리 주님은 삭개오와 같은 세리도 찾아가서서 구원해 주셨습니다.

진정한 행복은 우리 예수님을 만남으로 이루어집니다. 삭개오는 CEO예수님을 만나 구원의 즐거움에 참여하게 되었고, 동족들을 사랑하며 살 수 있는 기회를 다시 가질 수 있게 되었습니다. 외로운 부자에서 행복한 주의 자녀로 회복될 수 있었고, 성경에 그 이름이 기록되는 영광도 얻게 되었습니다.

그 후 삭개오는 예수님의 세리 출신 제자인 마태와 좋은 친구로 지냈을 것 같습니다. 이런 케이스는 흔하지 않으니 말입니다.

뎌덜이 스티반을 ᄎᆡᄂᆞ니 얼불너 갈오ᄃᆡ
쥬예수ᄂᆞᆫ ᄂᆡ 혼령을 졉ᄒᆞ소셔 ᄒᆞ고
셜어안져 크게 블너 갈오ᄃᆡ
쥬야 이 죄로ᄡᅥ 뎌의게 돌니지 말ᄋᆞ소셔 ᄒᆞ고
말을 다ᄒᆞ고 자니 소롭가 그 죽으믈 합의ᄒᆞ더라

뎨자ᄒᆡᆼ젹 뎨칠쟝 오십구·륙십졀 갈슴을 삭기며
쥬님과 일을 합ᄭᅴᄒᆞᄂᆞᆫ것을 싱각ᄒᆞ다 신유년 경진 쇼춘

그들이 돌로 스데반을 치니
스데반이 부르짖어 이르되
주 예수여 내 영혼을 받으시옵소서 하고
무릎을 꿇고 크게 불러 이르되
주여 이 죄를 그들에게 돌리지 마옵소서
이 말을 하고 자니라
- 사도행전 7장 59-60절

CEO를 위해 기꺼이 순교한
스데반

스데반은 초대교회에서 투표를 통해 선출된 일곱 집사님 중 한 분으로서 CEO예수 그리스도를 위하여 기독교 역사상 가장 먼저 순교하신 분입니다.

초대교회의 집사님으로 선출되었다는 것은 대단한 일입니다. 당시 집사님을 뽑는 기준은 2천 년이 지난 오늘날 생각해보아도 놀랍습니다. 집사님으로 선출되려면, 첫째, 성령과 지혜가 충만해야 했고, 둘째, 사람들에게도 널리 칭찬받는 사람이어야 했습니다. 스데반은 이 어려운 조건을 통과했으며 교회 안에서 공정하고 민주적인 투표를 통해 선출된 일곱 집사님들 중에서도 대표 격에 있는 분이었습니다.

스데반은 은혜와 권능에 충만하여 큰 기사와 표적을 사람들에게 행했다고 기록되어 있습니다. 또한 스데반에게는 외국 여러 나라에서 예루살렘을 찾아온 유대인들과 회당에서 함께 이야기할 기회가 있었는데, 그때 어떤 사람도 스데반의 말에 이의를 달지 못할 정도로 성령과 지혜가 충만한 사람이었다고 성경은 기록합니다.

그 당시 예루살렘에는 외국에 살면서도 매년 정기적으로 율법에 따라 일 년에 한차례씩 예루살렘을 방문하여 십일조를 바치고 하나님께 제사를 드리는 유대인들이 많이 있었습니다. 그들은 여러 나라에 흩어져 장사를 하여 큰 부를 이룬 사람들로서 그들이 당시 바쳤던 십일조는 예루살렘의 부를 극대화하는 데에 크게 영향을 끼쳤기에, 감히 그들의 주장에 맞서는 사람들이 없었습니다.

제사장들과 당시 종교지도자들은 그들을 매우 환대했고, 그들이 보통 약 한달 정도 머무르는 동안 예루살렘의 경제는 크게 활성화되었기에 예루살렘에서 경제활동을 하는 사람들은 그들에게 무척 우호적이었습니다. 그래서 그들의 의견이나 주장은 상당히 영향력이 강했는데, 스데반은 그들에게 CEO예수 그리스도를 설득력 있게 소개했던 것입니다.

스데반 같은 당대의 지식인이 초대교회의 집사님이 되어 성도들을 돌보고 사도들을 돕자, 예수님을 십자가에 못 박았던 대제사장과 백성의 장로들, 서기관들은 초대교회에 대해 두려운 마음이 생기기 시작했습니다. 그래서 그들은 스데반을 잡아왔습니다. 하지만 스데반은 두려워하거나 당황하지 않았습니다. 많은 사람들이 스데반의 얼굴을 주목하여 보니 그의 얼굴이 마치 천사의 얼굴과 같았습니다. 잡혀온 스데반은 오히려 많은 사람들 앞에서 담대히 그의 CEO예수가 그리스도이심을 증거했습니다.

사도행전 7장 2~53절까지는 스데반의 설교입니다. 이 설교를 읽어보면 스데반의 역사지식이 얼마나 대단하고 뛰어났는지 잘 알 수 있습니다. 스데반은 사도도 아니고 제사장도 아닌 평신도였습니다. 그런데 그의 해박한 역사지식과 성경지식은 듣고 있던 당시의 종교지도자들을 오히려 부끄럽게 할 정도였습니다.

스데반은 십자가에서 죽으신 예수가 그리스도이시며 살아계신 하나님의 아들로 이 땅에 오셔서 우리의 죄를 대속해 죽어주셨음을 담대히 선포하였습니다. 당시 종교지도자들은 스데반의 설교를 계속 들을 수가 없었습니다. 들으면 들을수록 그들의 마음이 찔려 괴로웠기 때문입니다.

그들은 자신들이 CEO예수님을 모함하여 십자기에 못 박은 잘못을 감추기 위해 오히려 큰 소리를 지르며 귀를 막고 스데반에게 달려들어

돌로 쳤습니다. 돌에 맞으며 스데반은 "주 예수여 내 영혼을 받으시옵소서."라고 크게 부르짖었습니다. 그리고 죽어갈 때에 무릎을 꿇고 예수님께서 십자가 위에서 기도하셨던 것처럼 "주여, 이 죄를 저들에게 돌리지 마옵소서."라고 기도했습니다. 이 마지막 말을 마치고 스데반은 CEO예수님을 위해 순교하였습니다.

스데반이 돌에 맞아 죽어가고 있을 때, 그곳에 사울이라는 청년이 있었습니다. 이 청년은 후에 예수 그리스도를 만난 후 사도 바울이 됩니다. 사도 바울이 복음을 전하며 수도 없이 매를 맞고 옥에 갇히며, 죽을 위협을 여러 차례 겪으면서도 그 고통을 참을 수 있었던 것은 하나님이 함께하셨기 때문입니다. 그리고 그 근간에는 스데반의 순교가 사도 바울의 뇌리에 깊이 박혀 있었을 것이라고 짐작됩니다.

오늘날 우리는 참으로 좋은 시대에 예수님을 믿고 삽니다. 스데반 집사님은 예수님을 믿는다는 이유로 돌에 맞아 죽었습니다. 예수님의 제자 야고보는 목 베임을 당했습니다. 베드로는 거꾸로 십자가를 지고 순교했습니다. 예수님을 믿는다는 이유로 로마의 원형경기장에서 사자들에게 온 몸이 찢겨 죽임을 당한 사람들도 있었습니다. 그리고 우리나라에서도 일제강점기 때에는 예수님을 믿는다는 이유로 감옥에 갇히고 고문당하고 못 위를 걷기도 하며 죽임을 당한 믿음의 선배들이 많이 있었습니다. 그런 귀한 대가를 치르고 오늘날 우리는 그분들의 신앙을 계승받고 있습니다.

　오늘날 순교의 위협이 없다하여 우리의 믿음이 나태해져서는 안 될 것입니다. 예수 그리스도를 믿는 믿음은 날마다 더욱 더 자라가야 할 것입니다. 그리고 오고 오는 우리의 후손들에게 더욱 귀한 믿음을 물려주도록 신앙 선배들의 수고와 애씀을 잘 전달해야 할 것입니다. 우리의 신앙은 스데반 집사님이 목숨 걸고 지킨 복음의 순수성에 기반합니다.

　우리 예수님은 우리를 죄 가운데서 구원하시고자 자신의 하나밖에 없는 목숨도 내어 주셨습니다. 그 큰 사랑을 받은 우리는 믿음의 선배들의 귀한 신앙을 잘 이어받고 계승해야 할 책임이 있습니다. 스데반은 우리의 CEO예수님을 위해 기꺼이 순교한 소중한 믿음의 선배입니다. 예수 그리스도의 그 크신 사랑을 스데반 혼자만 받은 것이 아니라, 우리 모두 값없이 받았음을 기억합시다.

나는 마음이 온유하고 겸손하니
나의 멍에를 메고 내게 배우라
그리하면 너희 마음이 쉼을 얻으리니
-마태복음 11장 29절

바라바 탈수에 나가
소로를 차자 만난즉
안티옥으로 달아고가
회중에 정일년을
흥괴 모여
널어사롬을 갈아치니
기리쓰토의 뎨자라 칭호기들
안티옥으로 붓터 시작호더니

뎨자힝젹 뎨십일쟝 이십오·륙뎔 말씀
위로의 앗을 바드바를 촌반이넌고살믄
맘으로 써기훙하믄 이련쩨면 초천

바나바가 사울을 찾으러 다소에 가서 만나매
안디옥에 데리고 와서
둘이 교회에 일년간 모여 있어 큰 무리를 가르쳤고
제자들이 안디옥에서 비로소 그리스도인이라
일컬음을 받게 되었더라
- 사도행전 11장 25-26절

CEO를 CEO 되게 해준 바나바

바나바의 본명은 요셉입니다. 그런데 요셉이라는 이름보다는 모두들 그를 바나바로 알고 있습니다. 바나바는 초대교회 사도들이 그에게 붙여준 별명입니다. 바나바가 사람들을 격려하고 위로하는 일에 놀라운 달란트를 발휘했기에, '위로자, 격려자' 라는 뜻의 별명이 그의 이름처럼 불린 것입니다.

바나바는 초대교회의 모든 사람들이 받아들이기를 꺼려하던 바울을 추천하여 바울이 교회 안으로 들어올 수 있도록 길을 열어주었습니다. 바울은 청년 시절, 스데반의 죽음에도 가담했던 바로 그 청년 사울이었기 때문에, 비록 다메섹 도상에서 예수 그리스도를 만난 후 참 그리스도인이 되었지만, 초대교회 사람들 대부분은 쉽게 그를 받아들이려 하지 않았습니다. 그만큼 바울의 과거 전력은 예수님과 그리스도인들에 대해 적대적이었습니다. 이제 변화된 바울에 대한 의심을 누군가 풀어주어야 했습니다. 이때 바나바가 나서주었던 것입니다.

바나바는 마가복음을 기록한 마가의 외삼촌이기도 합니다. 초대교회의 120명의 성도들이 마가의 다락방에 모여 기도했다는 기록이 사도행전에 있습니다. 바로 이 마가의 어머니 마리아가 바나바의 누님입니다. 바나바는 자신의 누님 집에서 초대교회 성도들이 모여 생활하며 기도할 수 있도록 교회를 위해 앞장섰습니다. 그리고 그의 전 재산을 팔아 가난한 성도들을 위해 헌금합니다. 당시 예루살렘에 모여 있던 초대교회 성도들의 대부분은 매우 가난한 사람들이었기 때문에 마가의 다락방에 모여 있는 성도들의 의식주 해결이 큰 문제였기 때문입니다.

이때 바나바가 솔선수범하여 그의 재산을 팔아 교회에 헌금하자, 다른 부자들도 그의 뒤를 따랐습니다. 이런 정황으로 인해, 초대교회에서 바나바의 위치는 매우 중요했습니다. 이런 바나바의 추천 덕분에 바울은 무난히 그의 사역을 시작할 수 있었고, 이후 바울은 이방인 교회들의 CEO로서 목숨을 걸고 교회를 섬기는 전도인의 삶을 살 수 있었던 것입니다.

안디옥에 교회가 세워지고 그곳이 이방 선교의 전초기지가 된 것은 참 놀랍습니다. 안디옥 사람들의 전반적인 성향은 '피곤한 스타일'입니다. 누군가 열심히 설득해도 언제나 시큰둥하고, 누군가에게 열광하지도 않는, 각자 자기 잘난 맛에 사는 사람들이었다고 합니다. 심지어는 로마 황제가 안디옥을 방문했을 때도 황제에 대해 너무나도 냉소적인 반응을 보인 나머지, 로마 황제가 다시는 안디옥 땅을 밟지 않겠다고 선언하고 뒤도 돌아보지 않고 갔다는 기록이 있을 정도입니다. 이런 성향을 가진 사람들의 도시 안디옥에 성령의 역사하심으로 교회가 세워지고 그곳이 이방선교를 위한 전초기지가 되었다는 사실은 실로 놀랍지 않을 수 없습니다.

바나바는 안디옥교회에서 바울과 함께 파견을 받아, CEO바울의 제1차 전도여행에 함께했습니다. 이때 바나바의 조카 마가가 이 전도팀에 동행합니다. 그런데 마가는 밤빌리아에 있는 버가에 도착했을 때, 전도여행이 얼마나 힘들고 고되던지, 더 이상 전도여행을 함께할 수 없다며 집으로 되돌아가고 말았습니다.

2년여에 걸친 1차 전도여행을 마친 후, 바울과 바나바는 다시 2차 전도여행을 떠나고자 계획했습니다. 바나바는 이 전도여행에 다시 한 번 조카인 마가를 데리고 가고 싶었습니다. 마가에게 복음 전도할 수 있는 기회를 한 번 더 주고 싶었던 것입니다. 하지만 바울은 마가를 데려가는 일에 반대합니다. 만일 이번에도 마가가 중간에 되돌아간다면 전도여정에 큰 차질이 생긴다는 것이 바울의 생각이었던 것입니다. 이 일로 바나바와 바울은 크게 다투고 각자 다른 방향을 정해 따로 전도여행을 떠나게 됩니다.

사도행전은 바울 전도팀의 일원이었던 누가의 기록이므로, 이후부터는 사도행전에 바나바와 마가에 대한 기록이 없습니다. 그 후의 전도여행들은 모두 바울 중심으로 기록되어 있습니다. 하지만 성경에 기록되지 않았다 하여 바나바팀이 전도하지 않았다고 생각하면 오해입니다. 그 당시 많은 전도팀 중에 바울의 전도팀은 하나의 샘플이기 때문입니다. 바나바도 그의 평생 동안 복음 전도에 전력을 다했다는 것은 충분히 미루어 짐작할 수 있습니다.

또한 1차 전도여행 기간에 어려움을 참지 못하고 되돌아갔던 마가가 그 후에 우리 예수님의 사역의 기록인 마가복음을 그토록 정성껏 기록한 것을 보면, 바나바와 마가의 전도팀에도 하나님께서 함께하셨다는 것을 알 수 있습니다. 그리고 CEO바울이 로마 감옥에서 마지막 유언과도 같은 디모데후서를 기록했을 때, 디모데에게 "올 때 마가를 데려오라."라고 한 기록이 있습니다. 그러면서 바울은 "마가가 내게 유익하다."라고 말하였습니다.

누군가를 추천하고 지지하는 것이 생각보다 쉬운 일이 아닙니다.

그만큼 위험이 뒤따르기 때문입니다. 그래서 보통 사람들은 남을 잘 추천하지 않습니다. 그런데 바나바가 자신의 인격을 걸고 한 추천과 격려는, 바울을 사도되게 했고 마가를 성경 기자가 되게 했습니다. 바나바의 추천으로 시작한 바울의 사역은 기독교 역사에서 가장 중요한 역사적 사역이었습니다.

CEO바울을 바울 되도록 추천하고 격려했던 바나바의 소중한 역할이 참 귀하고 고맙습니다. 이후 천국에서 바나바와 만나면, 너무나도 궁금한 바나바팀의 전도여행기를 밤새워 듣고 싶습니다.

하나님의 나라는
먹는 것과 마시는 것이 아니요
오직 성령 안에 있는 의와 평강과 희락이라
- 로마서 14장 17절

두기교가 내 사람을 가 너희에게
알께 주님 그는 사랑을 받으
행레은 사실한 일권이요 주
안에서 함께 좋이 되자 내가
그 눈 특별히 너희에게 보내는
것은 너희로 우리 사람이 알가
하고 너희 마음을 위로 하시려
없이 시살하고 사람을 받은
오 베시 그를 함께 트버그나
그는 너희에게서 오는 사랑이라
그들이여 알을 다 너희에게
주리라
나바을은 친절로 못하느니
나의 뼈 이것을 생각하라
은혜가 너희게 있을찌어다
큰 새 사랑 두렵 구 새 하여
생 개은 음에 두렵 솔 서 붓 놀
이 여 철 여 서 붓 솔솔

두기고가 내 사정을
다 너희에게 알려 주리니
그는 사랑 받는 형제요 신실한 일꾼이요
주 안에서 함께 종이 된 자니라
내가 그를 특별히 너희에게 보내는 것은
너희로 우리 사정을 알게 하고
너희 마음을 위로하게하려 함이라
신실하고 사랑을 받는
형제 오네시모를 함께 보내노니
그는 너희에게서 온 사람이라
그들이 여기 일을 다 너희에게 알려 주리라
— 골로새서 4장 7-9장

CEO에게 산소 같은 사람 두기고

아브라함과 바울은 긴 동선(動線)의 사람이었다는 점에서 공통점이 있습니다. CEO아브라함은 갈대아 우르에서 직선으로만 해도 약 1800km나 되는 가나안까지의 먼 거리를 여행한 사람이었습니다. 그리고 CEO바울의 3차에 걸친 전도여행은 지도 위에서만 보아도 이것이 어떻게 가능했을까라는 생각이 들 정도입니다.

한편, 아브라함이 노년에 그의 아들을 위해 며느리를 구하고자 할 때, 먼 거리를 직접 여행할 수 없는 주인을 대신해, 그의 믿음직한 스태프 다메섹 엘리에셀이 그 일을 감당해 준 것을 우리는 알고 있습니다. 이와 같이 바울이 로마 감옥에 갇혀서 자유롭게 바깥으로 나갈 수 없게 되었을 때, 바울을 대신해 편지를 들고 먼 거리를 마다않고 다녀준 사람이 바로 두기고입니다. 두기고는 바울에게 맑은 산소 같은 사람이었습니다. 두기고의 노력으로 바울은 감옥 안에서도 쉬지 않고 편지로 그의 사역을 계속할 수 있었기 때문입니다.

다메섹 사람 엘리에셀이 CEO아브라함의 사정을 잘 알고 헤아려 아브라함의 일을 대신 해주었던 것처럼, 두기고 또한 감옥에 갇힌 CEO 바울을 대신해서 각 교회 성도들에게 바울의 사정을 잘 설명하고, 바울이 쓴 편지의 행간 내용까지 잘 전달했던 사람이었습니다. 바울의 전도 사역에 많은 동역자들의 수고가 함께했는데, 바울의 편지를 들고 수많은 곳을 오고갔던 사랑의 우체부 두기고의 역할도 매우 중요했음을 알 수 있습니다.

바울이 에베소 교인들에게 편지를 써서 전할 때 다음과 같이 말했습니다.

"나의 사정 곧 내가 무엇을 하는지 너희에게도 알리려 하노니 사랑을 받은 형제요 주 안에서 진실한 일꾼인 두기고가 모든 일을 너희에게 알리리라 우리 사정을 알리고 또 너희 마음을 위로하기 위하여 내가 특

별히 그를 너희에게 보내었노라"(에베소서 6장 21∼22절)

그리고 디모데에게 편지를 보내면서도 두기고의 행보에 대해서 말해준 기록이 있습니다.

"두기고는 에베소로 보내었노라"(디모데후서 4장 12절)

디도에게 보내는 편지에도 마찬가지입니다.

"내가 아데마나 두기고를 네게 보내리니 그 때에 네가 급히 니고볼리로 내게 오라 내가 거기서 겨울을 지내기로 작정하였노라"(디도서 3장 12절)

골로새서에는 "편지에 다 못다 쓴 내용과 형편은 두기고를 통해서 들으라."라는 바울의 글이 있습니다. 감옥에 갇힌 CEO바울은 두기고를 대신 보내면서 큰 위로를 받았습니다. 바울이 직접 갈 수는 없었지만 두기고가 바울의 편지를 들고 그곳에 가서 바울의 사정을 잘 설명하고, 성도들을 사랑하는 바울의 마음을 잘 전할 수 있을 것이라는 믿음이 있었기 때문입니다.

"두기고가 내 사정을 다 너희에게 알려 주리니 그는 사랑 받는 형제요 신실한 일꾼이요 주 안에서 함께 종이 된 자니라 내가 그를 특별히 너희에게 보내는 것은 너희로 우리 사정을 알게 하고 너희 마음을 위로하게 하려 함이라 신실하고 사랑을 받는 형제 오네시모를 함께 보내노

니 그는 너희에게서 온 사람이라 그들이 여기 일을 다 너희에게 알려 주
리라"(골로새서 4장 7~9절)

　　바울의 편지를 전하며 두기고는 편지뿐 아니라 바울의 형편과 마
음을 바울이 흡족할 정도로 잘 전한 것 같습니다. 자신이 개척했던 교회
들에 대해서 어린 아이를 돌보는 심정으로 아끼고 사랑했던 바울의 모
습을 우리가 알고 있습니다. 교회를 혼란시키는 무리들로부터 성도들을
지키려고 수고한 바울의 노력도 역시 알고 있습니다. 그토록 교회를 아
끼며 성도들을 사랑하는 바울이 감옥에 갇혀있을 때 느꼈을 답답함은
말로 다 할 수 없을 것입니다.

　　그러한 바울을 위해 두기고는 바울의 마음을 품고 긴 동선을 마다
하지 않는 수고를 기꺼이 감당했습니다. 그리고 바울이 안심할 수 있을
정도로 성도들에게 바울의 마음을 잘 전달하고, 교회가 든든히 서도록
바울을 대신해 바울의 편지와 함께 복음 전도에도 최선을 다했습니다.
그런 두기고 덕분에 바울은 큰 위로를 얻었습니다.

　　바울의 형편과 사정, 각 교회들의 다양한 소식들이 두기고를 통해
전달될 때, 성도들도 바울도 숨통이 트이는 것 같았을 것입니다. 그래서
두기고는 CEO바울에게 산소 같은 동역자였습니다. 바울의 편지를 들고
복음을 위해 산과 물을 건넜던 두기고의 발길이 참 아름답습니다.

이러므로 내가 그리스도 안에서
많은 담력을 가지고 네게
마땅한 일로 명할 수 있으나
사랑을 인하여 도리어
간구하노니 나이 많은 나 바울은
지금 또 예수 그리스도를 위하여 갇힌 자 되어
갇힌 중에서 낳은
아들 오네시모를 위하여 네게
간구하노라 저가 전에는 무익하였
으나 이제는 나와 네게 유익하므로
네게 돌려 보내노니 저는 내
심복이라
나 바울이 親筆로 쓰노니
본래 빚진 것을 생이룬 말날을
바울의 사랑으로 써보며 오네시모의
자유와 기쁨을 맛봄이다
이제 철에 너는 소天代

이러므로 내가 그리스도 안에서
아주 담대하게 내게 마땅한 일로 명할 수도 있으나
도리어 사랑으로써 간구하노라
나이가 많은 나 바울은
지금 또 예수 그리스도를 위하여 갇힌 자 되어
갇힌 중에서 낳은 아들 오네시모를 위하여 네게 간구하노라
그가 전에는 네게 무익하였으나
이제는 나와 네게 유익하므로
네게 그를 돌려 보내노니 그는 내 심복이라
- 빌레몬서 8-12절

CEO의 추천서를 받은
오네시모

 아무리 노력을 해도 바뀌는 것이 아무것도 없었습니다. 아침에 자기또래의 주인집 도련님보다 일찍 일어나 '서서 기다리며 명령을 대기하는 삶'인 노예의 하루를 시작해야 했습니다. 주인집 도련님과 같이 학교에 갑니다. 옆에서 공부도 같이 할 수는 있었습니다. 그러나 그 공부는 자신의 실력을 향상시키기 위해서가 아니라, 이후 평생 모셔야 할 주인의 명령을 잘 알아듣고 수행하기 위함이었습니다. 집에 돌아와 점심식사를 한 후 오후에 도련님과 체력단련을 위한 수련장에도 함께 갑니다. 이 일 역시, 단지 도련님의 수련 상대가 돼주기 위해서입니다. 이러한 삶을 불평 없이 살아야 하는 것이 당시 노예의 삶이었습니다. 오네시모는 이것을 참을 수가 없었습니다. 주위에 같은 노예인 어른들이 오네시모의 생각을 눈치 채고 걱정합니다. 그리고는 귀에 못이 박히도록 들었던 스파르타쿠스 이야기를 또 들려주었습니다.

노예들에게 필독서가 되어버린 스파르타쿠스 이야기는 로마의 첫 번째 황제인 아우구스티누스 때보다 더 거슬러 올라가 율리우스 카이사르와 폼페이우스와 크라수스가 삼두정치를 하기도 전 시대의 이야기입니다. 그때 전쟁포로로 잡힌 스파르타쿠스는 로마인의 노예가 되어서 검투사로 살아가고 있었습니다. 스파르타쿠스의 주인은 매우 잔악하게 검투노예들을 대우했는데, 대담하고 지혜를 갖추고 있었으며 고상한 성품을 가지고 있던 스파르타쿠스는 이를 견디다 못해 그가 이끌던 70명 정도의 검투사들과 함께 베수비오스 화산 기슭에 정착하여 무장집단을 이루었습니다.

한때 그들 공동체는 10만 명에 이를 정도로 큰 집단을 이루었지만, B.C.71년, 크라수스가 이끄는 로마 군대가 도망친 노예들에 대한 토벌을 시작하자 상황이 많이 달라집니다. 3년여에 걸친 토벌작전 끝에 스파르타쿠스와 함께 6천 명의 노예가 생포되었습니다. 당시 로마는 도망친 노예에 대한 처벌이 얼마나 무서운지를 보여주기 위해, 지금 우리나라로 말할 것 같으면 경부 고속도로와 같은 아피아가도에 양쪽으로 3천 개씩, 총 6천 개의 십자가를 세워 그들을 매달아 죽였습니다. 그 후 노예들에게 스파르타쿠스에 대한 이야기는 귀에 못이 박히도록 들려지고 또 들려졌습니다. 로마 제국은 노예제도를 폐지할 마음이 일절 없었기 때문입니다.

얼마나 이 얘기를 귀에 못이 박히도록 들었는지 오네시모는 밤마다 십자가에 매달리는 꿈을 꾸었습니다. 그러나 노예로 살고 싶지 않은 그의 마음은 밤마다 꾸는 꿈보다 더 강렬했습니다. 오네시모의 주인인 빌레몬은 예수라는 사람을 그리스도로 모신 사람이었습니다. 그래서 다른 주인들보다 종들에게 훨씬 더 인간적으로 따뜻하게 대우해 주었지만, 그럼에도 불구하고 오네시모는 노예라는 신분 자체를 받아들이는 것이 너무 힘들어 주인이 섬기고 있는 예수 그리스도에 대해서 관심을 가지려하지도 않았습니다.

오네시모는 고민하고 고민한 끝에, 드디어 목숨을 걸고 주인집에서 도망치는 데 성공했습니다. 소아시아에 있는 골로새에서 나온 그는 그리스와 유럽을 거쳐, 로마까지 무사히 도망했습니다. 로마는 도망친 종에게 가장 위험한 곳이긴 했지만, 동시에 세계에서 가장 큰 도시여서 몸을 숨기기에도 좋다는 장점이 있었습니다. 그래서 오네시모는 그의 도망 장소를 로마로 결정했던 것입니다. 그의 도망 경로만 보아도 그가 얼마나 스케일이 큰 사람이었는지를 알 수 있습니다.

무사히 도망치는 데에는 성공했지만 하루하루가 늘 불안한 나날들이었습니다. 오네시모는 한번밖에 살지 않는 인생을 의미 있게 살고 싶었습니다. 그래서 훌륭한 스승을 찾기 위해 노력했습니다. 그러던 중에 로마 감옥에 갇혀있는 CEO바울에 대해서 듣게 되었고, 오네시모는 용기를 내어 바울을 찾아갔습니다. 그리고 바울을 통해 진정한 CEO예수 그리스도를 알게 되었습니다. 감옥 안에 갇혀있는 바울이 바깥으로 나올 수는 없었지만, 찾아가 면회하는 사람들과는 만날 수 있었기 때문에 가능한 일이었습니다.

CEO바울을 통해 진정한 CEO예수님을 영접하고 믿음의 사람이 된 오네시모는, 어느 날 바울과 대화를 하던 중에 자기의 원래 주인 빌레몬이 바울의 제자였다는 사실을 알게 됩니다. 이 사실을 알고 나서, 며칠 동안 잠을 이루지 못했습니다. 하지만 결국 오네시모는 이제 자신에게도 스승이 된 바울에게 모든 것을 고백하기로 결심합니다.

그는 바울에게 자신이 소아시아의 골로새에서 도망쳐온 종이며, 자신의 원래 주인이 빌레몬임을 고백했습니다. 바울도 몹시 당황스러웠지만, 용기를 내어 쉽지 않은 고백을 한 오네시모를 따뜻하게 위로했습니다. 그리고 깊은 생각 끝에, 오네시모에게 말했습니다.

"편지를 한 통 써 줄 테니, 그걸 가지고 빌레몬에게 돌아가지 않겠느냐?"

오네시모는 이제 어떤 것도 두렵지 않았습니다. 자신의 진정한 CEO예수 그리스도를 마음에 품고 나니 늘 불평불만이었던 자신의 인생이 부끄러워졌습니다. 자신을 향한 하나님의 뜻을 발견하고자 노력하는 사람이 되었습니다. 오네시모는 CEO바울의 말을 신뢰하고 바울이 시키는 대로 하겠다고 대답합니다.

바울은 오네시모를 빌레몬에게 돌려보내며 두기고를 함께 보냈습니다. 그리고 바울은 두기고에게, 자신의 편지를 잘 전달하고, 가는 도중 오네시모를 안전하게 돌볼 것이며, 또한 빌레몬에게 자신의 마음을 잘 전해달라고 부탁했습니다. 두기고는 이 일을 가장 잘 할 수 있는 사람이었습니다. 예수 그리스도를 믿는 바울이, 예수 그리스도를 믿는 사람 오네시모를 위해, 예수 그리스도를 믿는 사람 빌레몬에게 쓴 기적의 편지 한 통이 두기고의 품속에 담겼습니다.

드디어 골로새에 도착한 오네시모는 두기고와 함께 빌레몬 앞에 섰습니다. 두기고가 전해준 바울의 편지를 받은 빌레몬이 오네시모를 한 번 쳐다본 후, 말없이 편지를 읽어 내려갑니다. 이 편지는 실은 CEO 바울이 오네시모를 위해 빌레몬에게 쓴 인격을 건 추천서였습니다. 편지를 다 읽은 빌레몬에게 두기고가 바울의 사정과 바울의 진심을 다시 잘 전합니다. 노예를 형제로 받아들이는 일은 역사상 전례가 없던 일입니다. 바울은 예수 그리스도 안에서 당시 어느 누구도 상상할 수 없었던 파격을 요구한 것입니다.

170

기적이 일어났습니다.

"나의 형제여!"

빌레몬이 오네시모를 향해 다가오더니, 그를 '형제'라고 부르며 끌어안았습니다. CEO바울의 편지를 받은 빌레몬이 종이었던 오네시모를 형제로 받아들인 것입니다.

이렇게 기적의 편지「빌레몬서」를 통해 종이었던 오네시모는 바울의 제자요, 빌레몬의 동역자가 되어 골로새교회에서 중요한 역할을 감당하게 됩니다. 이것이 CEO바울의 추천서를 받은 오네시모가 경험한 기적 같은 이야기입니다.

같은 마음 받으나
내가 한 아들 된
디도에게 권지 하느니
하나님 아버지와
그리스도 예수
우리 주로부터
은혜와 평강이
네게 있을지어다 너희 안에 있어
디도를 맞하며
나의 동료은 너희를 위함
나의 동역자요
우리 형제들로 맞하면
여러 교회의 사자들이요
그리스도의 영광이니라
그러므로 너희는 여러 교회 앞에서
이런 참 내게 대한 것에
바울이 우리 자랑하는 이에

代筆 노우 [낙관]

같은 믿음을 따라
나의 참 아들 된 디도에게 편지하노니
하나님 아버지와 그리스도 예수 우리 구주로부터
은혜와 평강이 네게 있을지어다
- 디도서 1장 4절

디도로 말하면 나의 동료요
너희를 위한 나의 동역자요
우리 형제들로 말하면 여러 교회의 사자들이요
그리스도의 영광이니라
- 고린도후서 8장 23절

CEO의 걸쭉한 제자 디도

"디도로 말하면 나의 동료요 너희를
위한 나의 동역자요 우리 형제들로 말하면 여러 교회의 사자들이요 그
리스도의 영광이니라."

이것은 CEO바울이 고린도교회 성도들에게 디도에 대해서 소개하
는 말입니다. 든든하고 믿음직한 제자 디도를 바울은 이렇게 좋아했습
니다. 바울이 직접적으로 믿음의 아들이라고 부른 사람은 디모데와 디

도입니다. 사랑하는 믿음의 두 아들 중 디모데는 늘 몸이 약해서 바울을 걱정시켰으나, 헬라 출신인 디도는 건장하고 믿음직했던 것 같습니다. 바울은 문제가 발생한 곳에 해결사로 늘 디도를 보냈고, 디도는 언제나 믿음직하게 바울의 기대에 부응했습니다.

예루살렘교회로부터 시작된 '교회'의 역사는 이방의 첫 교회인 안디옥교회를 센터로 하여 소아시아와 유럽으로 퍼져나갔습니다. 그러나 이방인 성도들의 모임인 교회들은 어린아이와 같이 연약해서 많은 돌봄이 필요했습니다. 그런데 유대인들 가운데 그리스도인이 된 몇몇 사람들이 이방인 교회를 흔드는 일들을 하곤 했습니다. 구약 중심으로 율법을 지키고, 할례를 행해야만 구원을 얻을 수 있다고 말하며, 예수 그리스도를 믿는 믿음만으로는 부족하다고 말해서 연약한 성도들을 혼란에 빠뜨렸던 것입니다. 바울은 다른 지역으로 전도여행을 하던 중 이와 같은 소식들을 듣게 될 경우에는, 급하게 먼저 디도를 보냈습니다.

고린도교회의 경우도 그러했습니다. 바울은 2차 전도여행 중에 고린도 지역에 복음을 전하고 그곳에 교회를 세웠습니다. 그곳의 목회자로는 아볼로가 섬기고 있었습니다. 그런데 전형적인 항구도시인 고린도는 지역적인 특성 때문인지, 내륙에 비해 더 많은 문제들을 만들어냈습니다. 바울은 3차 전도여행 중 에베소에 머물고 있을 때, 고린도교회에 여러 문제들이 발생했다는 소식을 듣게 되자, 급히 고린도전서를 써서 고린도교회에 보냈습니다.

그런데 바울의 편지를 받고도 고린도교회가 문제해결의 실마리를 잡지 못하자, 바울은 디도를 급히 파송합니다. 왜냐하면 아볼로가 바울에게로 와서 그간에 쌓인 답답한 속사정을 다 털어놓은 이후에, 다시는 고린도로 돌아가고 싶지 않다는 의견을 철회하지 않았기 때문이었습니다. 바울은 디도를 보낸 후 형편이 되면 고린도로 가려고 마음먹고 있었습니다. 그런데 감사하게도 디도가 고린도교회의 문제들을 잘 해결합니다. 그러자 바울은 고린도후서를 써서 고린도교회에 보내며 성도들을 위로하고 디도에 대한 깊은 신뢰를 밝힙니다.

그 후, 바울은 디도를 그레데 섬의 목회자로 파송합니다. 그레데 섬 사람들은 "숨 쉬는 것 외에는 다 거짓말만 하는 사람들"이라고 소문나 있는 사람들이었습니다. 그곳은 걸쭉한 디도 정도나 되어야 목회를 할 수 있는 곳이었습니다. 그레데 섬은 우리가 크레타 섬이라고 알고 있는 곳입니다. 크레타 섬은 2차 대전 중에도 영국과 독일이 지중해의 항공모함이라고 부르며 서로 차지하기 위해 치열한 전투를 벌였던 곳입니다. 그곳 사람들이 왜 그렇게 거짓말만 하고 살며, 디도가 그곳에 왜 꼭 필요했는지 잠깐 보면 이렇습니다.

크레타 섬은 아브라함의 시대인 B.C.2000년대에 그리스 본토의 그리스 문명보다 먼저 크레타 문명(미노아 문명)을 만들고 있었습니다. 전설적인 왕 미노스가 함대를 창설하여 크레타 섬 주변에 있는 대부분의 섬들을 정복하고, 악명 높은 해적들을 다 소탕하여 크레타 섬은 매우 부유한 섬이 되었습니다. B.C.2000년경인 그 당시 이미 석조건물을 지었다는 기록이 있을 정도로, 그들의 부와 문명의 발달은 가히 대단했습니다.

그런데 B.C.1350년경에 대지진이 나고, 그리스 본토의 공격까지 받자, 찬란한 문명을 이룩했던 크레타 섬은 역사 속에서 잊혀져갔습니다. 그리고 그들은 미래로 가지 못하고 과거의 영광을 늘 그리워하며 사는 사람들이 되었습니다. 그들은 정말 상상할 수 없을 만큼 부자였고, 대단한 문명을 누려봤던 사람들입니다. 그러나 그 후 사람들은 크레타 섬 사람들이 과거의 영광에 대해서 말하면 믿어주지 않고 다 거짓말이라고 매도했습니다. 더 나아가 숨 쉬는 것 말고는 다 거짓말이라고 소문이 났습니다.

크레타 섬의 유적들은 대지진으로 이미 깊은 땅 속에 묻혀버렸고, 귀한 것들은 모두 약탈당했기 때문에 과거의 영광은 자취를 감추고 당시의 초라한 모습밖에는 보여줄 것이 없는 곳이 크레타 섬이었습니다. 때문에 크레타 섬 사람들은 다른 사람들과 사귀려하지 않고, 남의 것을 받아들이려 하지도 않는 완고한 사람들이 되었습니다. 사람들의 마음은 굳게 닫혀 유연함이라고는 찾아볼 수가 없었습니다.

그런 그레데에도 복음이 전해져 교회가 세워졌습니다. 그런데 어느 날, 그레데교회에 악명 높은 할례당이 들어와 헛된 말로 성도들을 속이고 할례를 받아야만 구원받는다고 주장했습니다. 과거의 영광에 집착하는 그레데 섬 사람들은 거짓교사들의 현혹에 쉽게 넘어가버렸고, 그레데교회는 걷잡을 수 없는 큰 혼란에 빠지게 되었습니다. 이런 복잡한 문제를 해결할 사람으로 바울은 이번에도 디도를 보냈습니다.

그레데 사람들에게는 그릇 크고 걸쭉한 디도가 가장 적합한 목회자였습니다. 디도는 그들을 품을 수 있었습니다. 바울은 그런 곳에서 목회를 성실하게 잘 하고 있는 디도가 늘 고맙고 든든했습니다. 바울은 로마 감옥에서 죽음을 직감하자, 믿음의 아들인 디모데와 디도를 위로하고, 주의 귀한 사역을 잘 감당하도록 격려하기 위해 유언과 같은 편지인 디모데후서와 디도서를 써서 보냈던 것입니다.

그레데 섬에서 최선을 다해 목회했던 디도는, 후에 달마디아로 가서 복음전파에 남은 생을 보냈다고 합니다. CEO바울의 믿음직하고 든든한 사역자 디도가 저도 참 좋습니다. 이런 친구를 성경을 통해 사귀는 기쁨을 함께하고 싶습니다.

오직 성령의 열매는 사랑과 희락과 화평과
오래 참음과 자비와 양선과 충성과 온유와 절제니
이 같은 것을 금지할 법이 없느니라
-갈라디아서 5장 22-23절

사랑하는 자여 네 영혼이 잘 됨 같이 네가 범사에 잘 되고 강건하기를 내가 간구하노라

요한삼서 이절 말씀에서
가마오장을의 같은 고백을 여기다 써서면 하노니
이려젔던 실날 소춘

사랑하는 자여 네 영혼이 잘됨 같이
네가 범사에 잘되고 강건하기를 내가 간구하노라
- 요한3서 2절

CEO에게 칭찬받은 가이오

예루살렘 중심의 초대교회 성도들이 스데반과 야고보 순교 후 여러 곳으로 흩어지게 되었습니다. 특히 안디옥교회는 세계 선교를 위한 전초기지가 됩니다. 가장 먼저 바울과 바나바가 안디옥교회 파송을 받아 소아시아 지역으로 전도여행을 떠났고, 그 복음의 씨앗이 이후 아시아를 거쳐 유럽, 그리고 멀리 아프리카에까지 퍼지게 되었습니다.

복음 전파를 위해 수고한 사람들 중에는 바울 외에도 많은 전도인들이 있었습니다. 한번 전도 여행을 떠나면 몇 달이 걸릴지, 몇 년이 걸릴지 모르는 긴 여행이었습니다. 당시 전도인들이 복음을 전하기 위해서는 목숨을 건 위험을 감수해야 했고, 산을 넘고 물을 건너며 먼 여행을 해야 했습니다. 편협한 선민의식에 빠져 예수 그리스도를 십자가에 못 박아 죽게 했으며, 야고보와 스데반을 순교하게 한 과격한 유대인들이 전도인들을 따라 다니며 죽이려하고 복음을 방해하는 무서운 상황이었습니다. 뿐만 아니라, 전도인들은 여비도 넉넉하지 못했고, 하룻밤 머물러 쉴 곳과 한 끼 식사도 늘 마땅찮았습니다. 오직 예수 그리스도의 사랑에 사로잡혀, 헌신과 열정으로 다니는 여행길이었습니다.

가이오도 복음 전도자로 떠나고 싶었습니다. 하지만 가이오는 자신이 할 수 있는 다른 일을 생각했습니다. 복음 전도인이 많이 필요하기도 했지만 복음 전도인을 위해서 그들을 물심양면으로 돕는 누군가의 헌신도 필요하다고 생각했습니다.

가이오는 자신이 직접 전도인으로 나서지는 않았지만 자신의 집을 공개하기로 마음먹었습니다. 그래서 자신이 살고 있는 곳이나 인근 지방을 여행하고 있는 전도인에 대한 소식을 들었을 경우, 그 전도인들을 자신의 집으로 초대했습니다. 여행길에 지친 몸을 며칠간 쉬면서 작은 위로를 받도록 했습니다. 영양가 있는 음식도 대접하고 밀린 빨래도 깨끗하게 해주면서, 다시 새로운 마음으로 전도여행을 떠날 수 있도록 힘을 북돋워주었습니다. 그래서 가이오의 집에는 항상 이러한 전도인들의 발길이 끊이지 않았습니다.

자기 집에 손님을 초대한다는 일은 번거롭고 불편한 일입니다. 아무리 사람과 어울리는 것을 좋아하는 사람이라고 하더라도, 손님치레는 한두 번이면 족하다고들 생각합니다. 그러나 가이오는 직접 복음을 전하는 전도인으로 살지는 않았지만 전도인들과 마음을 함께하는 일을 즐거이 감당한 것입니다. 이렇게 전도인들로 손님이 끊이지 않았던 가이오의 가정도 부부가 함께 신앙을 키워갔으리라 여겨집니다. 아브라함을 내조한 사라처럼, 가이오의 아내도 가이오를 도와 전도인들에게 음식을 요리하여 대접하고, 전도인들에 필요한 물품들을 이것저것 챙기는 일을 기쁨으로 감당했을 것입니다.

이런 가이오가 CEO요한의 격려와 축복의 편지를 받은 것은 정말 그럴 만하다고 생각이 듭니다. 사도 요한은 예수님의 열두 제자들 중에 가장 오래 산 사람입니다. 많은 사도들이 이미 순교했고, 가장 나이 어렸던 예수님의 제자 요한이 나이든 사도가 되어 당시 교회를 책임지고 돌보는 입장에 있었습니다.

많은 전도인들이 전도여행을 하고 돌아와서 CEO요한에게 예수 그리스도의 복음이 어디에까지 어떻게 전파되었는지 보고하며 함께 기쁨을 나누었습니다. 거기에 덧붙여 전도인들은 가이오의 집에서 쉼을 받고 위로를 받았다는 이야기도 전해주었습니다. CEO요한은 가이오가 너무나도 고마웠습니다. 복음 전도인들을 위한 가이오의 헌신과 수고를 칭찬하고 격려하고 싶었습니다. 그래서 CEO요한이 복음 전도자들을 대표해서 가이오에게 감사와 사랑과 축복의 편지를 쓰게 된 것입니다.

"사랑하는 가이오, 정말 정말 사랑하는 자에게 몇 자 적어 보내네. 사랑하는 자여, 네 영혼이 잘됨 같이 네가 범사에 잘되고 강건하기를 내가 간절히 기도한다네."

우리는 영혼이 잘 되고 범사에 잘 되고 강건하기를 원합니다. 이 성경구절이 얼마나 좋던지 목판에 새겨 벽에 걸어놓습니다. 예쁘게 써서 액자에 끼워 넣기도 합니다. 누군가에게 선물할 때 이 성경구절이 쓰인 액자를 선물하기를 좋아합니다. 그런데 이 말씀은 CEO요한이 복음 전도자들을 위하여 사랑과 수고를 아끼지 않았던 가이오에게 주었던 귀한 말씀입니다. 우리도 가이오처럼 이 말씀을 받을 만한 사랑과 수고를 기쁘게 감당하는 믿음의 사람이 되기를 소원해 봅니다.

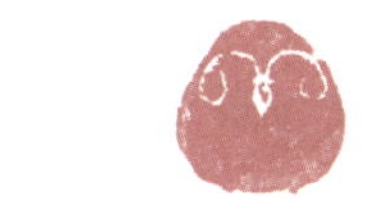

더 만나볼 CEO의 친구들

갓 Gad. 선지자   '갓' 은 '행운, 복되다' 라는 뜻. 다윗 왕 때의 선견자 혹은 선지자로서 다윗의 행적을 기록했다(대상 29:25-29). 다윗이 교만한 마음으로 인구조사를 시행한 죄에 대해, 하나님의 징계의 말씀을 전하고, 다윗이 회개하자, 타작마당에 단을 쌓고 번제와 화목제를 드리라고 명하였던 선지자이다(대상 21:18-26).

고넬료 Cornelius   '고넬료' 는 '뿔' 이라는 뜻. 예수님 승천 후인 A.D.40년경, 가이사랴 빌립보에 주둔하고 있는 로마군의 백부장이었다. 이방인이지만 하나님을 경외하며 기도하는 자였고, 많은 구제를 행했다(행 10:2). 천사의 지시를 받아 베드로를 청하여 복음을 전해 들었고, 세례를 받았으며, 또한 성령의 임재를 체험하였다. 이는 이방인 선교의 문이 열리는데 중요한 계기가 된 사건이었다.

고핫 Kohath   '고핫' 은 '집회하다' 라는 뜻. 레위의 둘째아들이며 아론과 모세, 미리암의 할아버지. 고핫은 제사장으로 성별된 아론 계보의 조상으로서, 특별히 그 자손들은 성막에서 봉사하고, 성소의 기구들을 운반하는 일을 맡았다. 그의 자손들은 가나안 정복 때 23개의 성읍을 분배받았고(수 21:4-5), 다윗 시대에는 성전에서 찬양대로 봉사했다.

기드온 Gideon   '기드온' 은 '베히는 자' 라는 뜻이며, 그의 또 다른 이름 '여룹바알' 은 '바알과 다툰다' 라는 뜻. 므낫세 족속이었고, 이스라엘의 5번째 사사로서 40년간 치리했다. 3백 용사와 함께 나팔, 빈항아리, 횃불을 가지고 전투에 나가 이스라엘을 압제하는 미디안과의 전투에서 승리했다. 자신을 왕으로 추대하려는 백성들의 청을 거절하였으나, 첩을 많이 두어 아비멜렉을 비롯한 71명의 자녀가 있었다.

나다나엘 Nathanael   '나다나엘' 은 '하나님의 선물' 이라는 뜻. 갈릴리 출신으로,

예수님의 제자 '바돌로매' 와 동일인물이라고 전해지기도 한다. 예수님
을 먼저 만났던 빌립의 "와 보라"라는 초청을 받고 처음엔 의심하였으
나 직접 예수님을 대면한 후, 예수님을 메시아로 고백했다(요 1:47-
51). 예수님께 "참 이스라엘 사람이며 그 속에 간사한 것이 없다"라는
칭찬을 받았다.

나단Nathan   '나단' 은 '양심' 혹은 '주는 자' 라는 뜻. 다윗과 솔로몬 시대의 선
지자이자 충직한 조언자로서 활동했다. 다윗의 성전건축계획이 그의
아들 대로 미뤄질 것을 예언했고, 다윗이 우리아를 죽였을 때 비유로써
다윗의 죄를 지적했다. 솔로몬이 왕위를 계승하는 데에도 힘을 더했다
(왕상 1장).

나봇Naboth   '나봇' 은 '뛰어난 사람' 이라는 뜻. 아합 왕의 별궁 근처에 있는 포
도원의 주인이었다. 그의 포도원을 탐낸 아합이 나봇에게 포도원을 팔
것을 요구했지만, 하나님이 정하신 율법에 따라 땅을 팔지 않겠다고 응
답했던 의로운 사람이었다(왕상 21:3). 하지만 안타깝게도 아합의 아
내 이세벨의 계략에 의해 억울한 누명을 쓰고 돌에 맞아 죽었다. 이 일
로 크게 진노하신 하나님께서는 엘리야를 통해 아합과 이세벨의 죽음
을 말씀하셨다.

나사로Nazarus   '나사로' 는 '하나님이 도우셨다' 는 뜻. 예루살렘 남동쪽에 있
는 베다니 마을 출신. 마르다와 마리아의 오빠. 예수님으로부터 친구라
불릴 정도로 가까운 사이였으며, 예수님의 많은 사랑을 받은 사람이었
다. 병들어 죽은 지 4일 만에 예수님에 의해 살아났고, 그의 부활로 인
해 많은 사람들이 예수님을 믿게 되었다.

나아만Naaman   '나아만' 은 '즐거움' 이라는 뜻. 북이스라엘 북쪽에 있는 아람

의 군대장관으로서 큰 용사였으나 한센병에 걸려 고통당하던 중, 어린 히브리 하녀를 통해 엘리사에 대한 소문을 듣고 찾아왔다. 요단강에서 일곱 번 몸을 씻으라는 엘리사의 말에 처음엔 분노했으나 종들의 권유를 듣고 순종하여 병이 나았다. 이 사건을 계기로 하나님을 믿게 되었다(왕하 5:17).

나오미 Naomi　'나오미'는 '희락, 즐거움, 행복'이라는 뜻. 베들레헴 사람 엘리멜렉의 아내이자 룻의 시어머니. 나오미는 사사시대 흉년을 피해 모압으로 이주했다가 남편과 두 아들을 잃고 며느리 룻과 함께 귀향했다. 하나님의 섭리 안에서, 보아스라는 가까운 친족이 룻과 결혼하여 낳은 아들 오벳은 나오미의 양자가 되고, 나오미는 잃었던 기업을 되찾았다. 이후 오벳은 다윗의 조부가 된다.

나훔 Nahum　'나훔'은 '위로, 위안, 구원'이라는 뜻. 그의 출신에 관해서는 '엘고스 사람'이라는 것만 밝혀져 있다. 나훔 선지자는 스바냐, 하박국, 예레미야 등의 선지자와 동시대에 활동하였으며, 앗수르의 수도인 니느웨의 멸망과 그에 따른 유다의 구원을 예언했다. 나훔의 예언대로 니느웨는 B.C.612년에 멸망했다.

누가 Luke　'누가'는 '빛을 주는 자, 총명하다'라는 뜻. 수리아 안디옥에서 의학을 공부하고 예수를 믿은 후 바울과 동행하며 선교했다. 문학적으로 뛰어나다고 평가받는 누가복음과 사도행전을 쓸 만큼 문장력이 뛰어나고 정확한 역사가이기도 했다. 누가는 바울이 옥에 갇힌 때는 물론, 그의 순교 때까지도 함께했던 동역자였다.

니고데모 Nicodemus　'니고데모'는 '이긴 백성'이라는 뜻. 예수님이 살던 시대의 바리새인이자 산헤드린공회의 의원이었고, 부유한 사람이었다. 예수님을 하나님이 보내신 선생으로 여겼고, 밤에 찾아와 예수님께 '하나님 나라'에 관해 질문했던 사람이다. 예수님을 따른다는 것을 당당히 드러내지는 못하였으나, 이후 예수님께서 십자가에서 돌아가시자 아리마대 요셉과 함께 예수님을 장사지냈다.

다비다 Tabitha '다비다'는 '사슴'이라는 뜻. 같은 뜻의 헬라식 이름 '도르가'로도 불렸다. 그는 선행과 자비를 풍성하게 베풀었는데, 그 가운데는 궁핍한 과부들을 위해 속옷과 겉옷을 만들어 준 일도 포함되었다(행 9:36, 39). 그가 죽자, 욥바에 있던 제자들이 가까운 룻다에 있는 베드로를 불렀고, 베드로는 죽었던 다비다를 일으키는 기적을 행하였다. 이 일로 많은 사람들이 예수를 믿게 된다.

데오빌로 Theophilus '데오빌로'는 '하나님의 사랑 받는 자'라는 뜻. 누가가 쓴 누가복음과 사도행전의 수신인으로, 누가복음 1장 3절에 그를 "데오빌로 각하"라고 말한 것으로 보아, 아마 로마정부의 관료였던 것 같다. 누가복음을 통하여 예수님의 생애를 상세하게 전해 들었고, 사도행전을 통해서는 구원받은 자들의 삶이 무엇인지를 배우게 된, 무려 총 52장이나 되는 긴 복음편지를 받았던 사람.

도마 Tomas '도마'는 '디두모'라고도 하는데, 이는 '쌍둥이'라는 뜻. 갈릴리의 어부 출신으로 예수님의 12제자 중 한 사람이 되었다. 요한복음의 기록으로는 감정적이고 진리를 빨리 깨닫지는 못했지만, 헌신적이고 열정적인 사람으로 나온다. 예수님이 부활하셨다는 다른 제자들의 말을 의심했지만, 부활하신 예수님을 보고 "나의 주시며 나의 하나님이시라"라고 고백했다(요 20:24-29).

드보라 Deborah '드보라'는 '꿀벌'이라는 뜻. 이스라엘의 네 번째 사사로서 40

년간 사역하였다. 통찰력과 판단력이 예민하며 정확하였고 하나님의 영감이 풍성하여 백성들의 어려운 문제를 재판하였다(삿 4:4-5). 예언자로서 바락에게 가나안 군대와 싸울 것을 권하였고, 현명한 참모 역할을 감당하였다.

디모데Timothy '디모데'는 '하나님을 경외함'이라는 뜻. 루스드라에서 자랐으며 어려서부터 조모 로이스와 어머니 유니게로부터 기독교 교육을 받았고, 바울을 1차 전도여행 때 만난 그는, 2차 전도여행 때부터 동행하게 되었다. 몸이 약하였으나 바울의 각별한 사랑을 받았고 영적 아들로 불렸다. 바울의 후임으로 에베소에서 목회하였고, 바울이 로마 감옥에 2차로 갇혔을 때 로마로 오라는 바울의 편지(디모데후서)를 받았다. 네로나 도미티안 황제 때 순교했다고 전해진다.

라멕Lamech '라멕'은 '강한 사람, 능력 있는 자'라는 뜻. 아담의 아들 셋의 9대 손으로 에녹의 손자이며 노아의 아버지(창 5:21-31). 182세에 아들을 낳고 "수고로이 일하는 우리를 이 아들이 안위하리라"라는 뜻으로 '노아'라 이름 지었다. 그의 신실한 소망은 그 아들 노아에 의해 성취되었다. 라멕의 이름은 누가복음 3장에 있는 예수님의 족보에 '레멕'으로 기록되어 있다.

레갑 족속 Rechabite '레갑'은 '약대를 타는 자'라는 뜻. 예레미야 35장에 나오는 레갑 족속은 야곱의 12지파에 속하지 않은 사람들이다. 역대상 2장 55절에 의하면 겐 족속 부류이고, 모세의 장인 이드로의 후손으로 보기도 한다. 예레미야가 그들을 불러 포도주를 마시라고 시험하였지만, 그들은 조상 요나답의 금주 명령을 지키는 절제와 순종의 모습을 보여주었다. 하나님은 이러한 레갑 자손에게 복을 주셨고, 이들을 통해서 유다 백성들에게 신앙의 경종을 울리셨다.

로데 Rhoda　'로데' 는 '장미꽃' 이라는 뜻. 그는 마가복음을 쓴 마가의 모친 마리아의 여종이었다. 사도 베드로가 헤롯에 의해 투옥되었을 때, 초대교회 사람들이 마리아의 집에 모여 기도하고 있었다. 하나님의 기적으로 베드로가 풀려나와 마리아의 집 대문을 두드렸을 때, 로데는 베드로를 알아보고 몹시 기뻐하고 당황해하며 사람들에게 그 소식을 전했는데, 오히려 조롱을 받았다. 그러나 곧 그 말이 사실임이 밝혀졌다.

루디아 Ludia　'루디아' 는 '생산' 이라는 뜻. 소아시아의 도시 두아디라 성 출신의 자색 염료 장사였다. 빌립보에서 사도 바울을 만나 복음을 전해 듣고, 자신과 온 집이 함께 세례를 받아 유럽 최초의 개종자가 되었다(행 16:14-15). 회심 후 계속 바울 일행에게 적극적인 후원을 아끼지 않았고, 빌립보교회 설립에 중요한 역할을 감당하였다.

리브가 Rebecca　'리브가' 는 '그물 끈' 이라는 뜻. 밧단아람 사람 브두엘의 딸이며 라반의 누이. 아브라함이 다메섹 엘리에셀을 보내 자기 친족 중에서 구한 아들 이삭의 아내. 리브가는 아브라함의 종 엘리에셀이 목이 말라 물을 구했을 때, 그와 약대까지에게도 물을 주었던 배려심 깊고 지혜로운 여인이었다.

마르다 Martha　'마르다' 는 '숙녀' 라는 뜻. 베다니에 살고 있던 마리아와 나사로의 누이였다. 예수님의 사랑을 많이 받는 가족이었으며, 또한 예수님을 항상 따랐던 사람이었다. 마리아가 손님들을 대접하는 일을 돕지 않고 예수님 말씀만 듣는 것을 보고 예수님에게 불평을 하였다가 말씀을 듣는 일이 무엇보다 중요하다는 가르침을 받았다. 죽은 오라비 나사로가 부활하는 기쁨을 누리기도 했다.

마리아 Mary　베다니 출신 나사로의 누이였으며, 마르다의 자매였다. 예수님의

공생애 기간 중 예수님의 사랑을 많이 받은 여인 중 하나이다. 예수님
이 그의 집에 찾아오셨을 때, 그 발곁에 앉아 그분의 말씀을 경청하였
으며, 예수님께서 십자가 사역을 위해 예루살렘에 올라가시기 전에는
귀중한 향유를 예수님의 발에 부어 그분의 장사를 예비했던 여인이다
(마 26:12-13).

마태 ^{Matthew}　'마태' 는 '하나님의 선물' 이라는 뜻. 갈릴리 가버나움 근방 태생
으로 레위 지파의 후손인 알패오의 아들로 태어났다. 신앙과 양심 대신
물질을 선택하고 세리로 종사하다가 예수님의 부르심을 듣고 곧 일어나
좇아 12제자의 수에 포함되었다. 제자들의 명단을 소개할 때에 자신의
이름 앞에 전직 직업인 '세리' 를 붙여 하나님의 은혜를 드러냈으며, 동
족 유대인들을 위하여 마태복음을 쓰고, 그분이 구약 예언의 성취자임
을 증거하였다. 유대인들에게 복음을 증거하다가 순교했다고 전해진다.

막달라 마리아 ^{Mary}　갈릴리 호수 서쪽에 있는 막달라 지역 출신. 그의 혈통이
나 가족, 나이에 대한 성경 기록은 없다. 일곱 귀신에 사로잡혀 고통당
하다가(눅 8:2), 예수님을 만나 병에서 고침 받고 전심을 다해 예수님
을 섬겼던 여인이다. 다른 여자들과 함께 자신의 소유를 내어 예수님과
제자들을 섬겼던 막달라 마리아는 예수님의 죽음을 곁에서 지켰으며,
최초로 예수님의 부활을 목격한 부활의 증인이 되었다(막 16:10).

맛디아 ^{Mathias}　'맛디아' 는 '하나님의 선물' 이라는 뜻. 예수님께서 공생애 기
간 중에 전도사역을 위해 파송했던 70명의 전도자 중의 한 사람이었고
(눅 10:1), 12사도 중의 한 사람이었던 가룟 유다가 예수님을 배신하
고 자살한 후에 그 가룟 유다 대신 사도로 선택되어 12번째 제자가 되
었다. 예수님께서 요한의 세례를 받으신 후로부터 승천하실 때까지 약
3년간 예수님과 동행한 제자였으며, 다른 제자들의 추천과 제비뽑기의

방식을 통해 사도로 선택되었다(행 1:26).

멜기세덱 Melchisedec　'멜기세덱'은 '의의 왕'이라는 뜻. 아브라함이 고돌라오멜과 함께한 왕들을 파하고 조카 롯과 재물을 찾아서 돌아올 때, 소돔 왕과 함께 마중 나온 살렘(예루살렘의 옛 이름)의 왕이자 제사장. 그는 믿음의 조상인 아브라함을 하나님의 이름으로 축복하였고, 성경에서 처음으로 드린 십일조를 받았다. 히브리서에서는 멜기세덱을 영원한 대제사장이신 예수님의 모형으로 말한다(히 7:1-17).

므비보셋 Mephibosheth　'므비보셋'은 '부끄러움을 해치는 자'라는 뜻. 사울의 손자이며 요나단의 아들. 블레셋과의 전쟁 때, 유모가 그를 데리고 도망치다가 떨어뜨려 두 발을 절게 되었다. 오랫동안 요단의 동쪽 로드발에서 숨어 살았는데, 다윗이 요나단과의 옛날 우정과 약속을 기억하고 그를 우대해 주었다. 다윗이 압살롬에서 쫓겨 피신할 때 그의 사환 시바가 므비보셋을 참소하였으나 수염을 깎지 않고 옷을 빨지 아니한 채 다윗을 기다려, 억울함을 풀 수 있었다.

미가 Micah　'미가'는 '여호와와 같은 이가 누구뇨'라는 뜻. 가드모레셋이라는 작은 마을 출신으로, 남유다의 요담, 아하스, 히스기야 시대에 활동한 선지자이다(B.C.8세기). 앗수르 제국으로부터의 위협이 점점 커지는 시대 상황 속에서, 수도 사마리아와 예루살렘에서 성행하고 있는 관리들의 부정과 거짓 예언자들의 부패를 통렬히 질책하였다. 메시야가 베들레헴에서 탄생하실 것을 예언하였다.

미리암 Miriam　'미리암'은 '슬픔과 배반'이라는 뜻. 아론과 모세의 누이이며 여선지자였다. 모세가 갈대상자에 담겨 나일 강을 떠내려 갈 때, 멀리서 지켜보다가 바로의 딸이 발견하자, 유모로 친어머니 요게벳을 추천했다. 이스라엘이 홍해를 건너고 바로의 군대가 몰살하자, 여인들을 지휘하여 소고를 들고 춤추며 찬송했다. 동생들과 더불어 하나님에게 선택되어 백성의 지도자가 되었다. 모세가 구스 여인을 취한 일을 아론과 함께 비방하다가 한센병에 걸린 적도 있다. 40년의 광야 생활이 끝나는 정월에 가데스 광야에서 생을 마감했다.

바디매오 Bartimaeus　　'바디매오' 는 '디매오의 아들' 이라는 뜻. 소경이었고 생계를 위해 구걸하는 거지였다. 예수님께서 공생애 말기, 마지막 유월절을 보내시기 위해 예루살렘에 올라가실 때, '나사렛 예수' 라는 말을 듣고 최선을 다해 고함을 질렀다. 예수님이 부르실 때 겉옷을 내어버리고 뛰어갈 정도로 눈 뜨기를 소망하였던 바디매오는 그의 믿음대로 눈을 뜨게 되었고, 그 자리에서 예수님을 좇았다(막 10:52).

바룩 Baruck　　'바룩' 은 '축복 받은 자' 라는 뜻. 네리야의 아들이며 훌륭한 명문 출신으로 예레미야가 신뢰하는 친구이자 서기였다(렘 32:12). 남유다 왕 여호야김 4년에 하나님께서 예레미야에게, 이스라엘과 유다, 그리고 열방에 대하여 기록하라고 하실 때 바룩이 구전대로 두루마리 책에 기록했다. 그리고 예레미야의 명령에 따라 그 기록한 여호와의 말씀을 금식일에 성전에서 백성들에게 낭독했다. 바룩은 예레미야의 구전 필기자로서 20년 이상 예레미야를 충성스럽게 도왔다.

뵈뵈 Phoebe　　'뵈뵈' 는 '순결함' 이라는 뜻. 전도 여행 중인 바울에게 물질적 원조와 기타 도움을 아끼지 않았던 뵈뵈를 일컬어 바울은 '보호자' 라고 칭했다. 겐그레아 교회의 집사였던 뵈뵈는 바울이 3차 전도여행 중에 썼던 로마서를 로마 교회에 전달하는 일을 맡아 감당하였다.

브리스길라와 아굴라 Priscilla, Agulla　　'브리스길라' 는 '늙은 노부인' 이라는 뜻이고, ‘아굴라’ 는 ‘독수리’ 라는 뜻. 아굴라는 유대인으로, 아내와 같이 로마에서 살다가 글라우디오의 유대인 박해에 못 견디고 고린도에 왔다. 그곳에서 바울을 만나 같이 천막 짓는 일을 하면서 친해졌고, 바울의 믿음의 동역자가 되었다(행 18:1-3). 브리스길라는 로마의 귀족 출신일 가능성이 높으며, 이름이 남편 아굴라보다 앞에 쓰인 것으로 봐서는 초기교회의 유력한 지도자였을 것이다.

브살렐 Bezalel ‘브살렐’ 은 ‘하나님의 보호를 받고’ 라는 뜻. 유다 지파 사람으로 훌의 손자요 우리의 아들이었다. 출애굽한 이스라엘이 시내 산에 이르고, 모세가 하나님께로부터 율법을 받아 성막을 건축할 때, 하나님으로부터 성막을 만드는 특별한 사명을 부여 받았다(출 31:2-3). 지혜와 총명, 지식, 여러 가지 재주로 공교한 일을 연구하여 만드는 성막의 수석 장인이었으며, 성막 건축하는 일을 맡아 감독하였다.

비느하스 Phinehas ‘비느하스’ 는 ‘흑인’ 이라는 뜻. 아론의 손자이며 엘르아살의 아들. 40년 광야기간을 끝낸 이스라엘이 싯딤에 머물고 있을 때, 이스라엘 백성들이 모압 여인들과 함께 우상숭배를 한 일이 있었다. 이때 이스라엘 자손 하나가 미디안 여인을 데리고 장막에 들어가는 것을 보고 의로운 분노를 느낀 비느하스가 그들을 창으로 찔러 죽였다. 이 일로 백성 중에서 염병이 그쳤고, 하나님은 그의 후손이 대대로 제사장이 될 것을 보장하셨다(민 25:13).

빌레몬 Philemon ‘빌레몬’ 은 ‘애정 있는 사람’ 이라는 뜻. 빌레몬은 바울이 제3차 전도여행 시 에베소의 두란노서원에서 전하는 복음을 듣고 회심하였으며, 그의 사랑 받는 동역자가 되었다. 후에 골로새 지방에서 살면서, 그 집을 교회의 모임 장소로 제공했다. 자신의 집에서 도망하였다가 바울을 만나 인생을 바꾼 종 오네시모를, 바울의 편지 ‘빌레몬서’ 를 읽고 용서하였으며 형제로 받아들였다. 후에 골로새교회의 감독이 되었고, 네로 시대에 순교하였다고 전해진다.

빌립 Philip. 제자 　'빌립'은 '말(馬)을 사랑하는 자' 라는 뜻. 예수님의 제자였던 빌립은 갈릴리 벳새다 출신으로서 안드레와 나다나엘의 친구였다. 예수님을 만나자마자 즉시 그분을 따랐고, 나다나엘에게 가서 "와 보라" 라고 자신있게 예수님을 소개했다(요 1:45). 오병이어의 기적이 있기 전, 현실적인 계산을 제시하기도 했고, 예수님이 잡히시기 전날 밤, "아버지를 보여달라"고 요청하였다가 눈으로 보는 것보다 믿음이 중요하다는 가르침을 받기도 했다. 전승에 의하면, 열심으로 복음을 전파하다가 히에라폴리스에서 순교했다고 한다.

빌립 Philip. 집사 　초대교회의 일곱 집사 중 한 사람으로서 열심으로 전도 활동을 한 평신도 전도자. '성령과 지혜가 충만하고 칭찬받는 사람'이라는 조건에 따라 초기교회 집사로 세움 받았으며, 구제와 봉사에 힘썼다. 그러던 중 스데반의 순교로 교회에 대한 핍박이 점점 가중되자, 사마리아 지역으로 옮겨가 그곳에서 복음을 전했다. 이디오피아 여왕 간다게의 내시를 만나 복음을 전한 일로 아프리카 대륙의 복음화의 장을 여는 데 쓰임 받기도 했다.

사가랴 Cechariah 　'사가랴'는 '여호와는 기억하신다'는 뜻. 아비야 반열에 속한 제사장(눅 1:5)으로서 세례 요한의 부친. 아내 엘리사벳과 함께 하나님 앞에 의인이었으나 늙을 때까지 자식이 없었다. 제사장으로서 분향하는 직무를 하다가 천사로부터 아들을 낳을 것이라는 예언을 들었으나 그 말을 의심함으로 인해 그 약속이 이루어질 때까지 벙어리가 되었다. 아들을 낳고 이름을 요한이라고 지을 때 혀가 풀려 하나님을 찬송하고 성령 충만을 입어 예언하였다.

사독 Zadok '사독'은 '고결한, 공정한, 의로운'이라는 뜻. 다윗 초기부터 솔로몬 시대까지 유력한 제사장이었다. 다윗이 압살롬을 피해 도망갈 때, 여호와의 궤를 가지고 다윗을 수행하려고 했던 충성스런 사람이었다. 이후, 다윗의 명대로 솔로몬에게 기름을 부었고, 아비아달 제사장이 솔로몬에 의해 파직되자, 솔로몬 시대의 유일한 제사장이 되었다. '사독의 자손'은 제사장을 의미하는 일반적 호칭이 되었고, 그의 이름은 '사두개인'의 어원이 되기도 한다.

사드락, 메삭, 아벳느고 Shadrach, Mesha, Abednego 본명은 하나냐, 미사엘, 아사랴이다. 남유다의 왕족 또는 귀족 출신으로서, 바벨론 1차 침입 때 다니엘과 함께 포로로 잡혀온 친구들이었다. 자신들을 더럽히지 않기 위해 왕의 진미를 거절했고, 느부갓네살이 금 신상을 세우고 숭배를 강요할 때에도, 끝까지 하나님만을 선택했다. 그 벌로 뜨거운 풀무불 속에 던져졌지만 머리칼 하나도 상하지 않았고, 이로써 이방 가운데서 하나님의 권능과 영광을 드러냈다.

셈 Sem '셈'은 '높은 지위'라는 뜻. 노아의 장자로서 히브리인의 조상이 되었다. 부친 노아와 함께 방주를 지었고, 또한 그 방주에 들어가 홍수를 피하는 복을 누렸다. 방주에서 나와 농사를 짓고 그 열매를 거둘 때, 그 부친이 술에 취하여 나체로 누운 것을 야벳과 같이 옷을 덮어 하체를 가려준 일로 말미암아 노아로부터 축복을 받았고, 600세에 별세하였다.

셋 Seth '셋'은 '대신 둔다'는 뜻. 아담의 세 번째 아들로, 아벨이 죽은 이후 아벨을 대신해서 주신 아들(창 4:25-26). 아담의 장자의 직분을 가지게 됐고, 하나님을 섬기는 자의 시조가 되었다. 예수님도 이 셋의 혈통으로 오셨다.

스가랴 Zecharah 　'스가랴'는 '여호와께서 기억하신다'라는 뜻. 스가랴는 구약 성경에만도 29명 이상이 등장할 정도로 당시에는 흔한 이름이었다. 선지자 스가랴는 제사장 잇도의 후손으로서, 제사장이면서 동시에 선지자였다. 스룹바벨과 함께 바벨론에서 귀환한 제1차 귀환 공동체가 성전 재건을 중단하고 있을 때, 학개 선지자와 함께 성전 재건을 독려하는 사역을 하였다. 또한 후에 오실 메시야에 대한 많은 예언도 남겼다.

스룹바벨 Zerubbabl 　'스룹바벨'은 '바벨론의 후예'라는 뜻. '세스바살'은 그의 바벨론 이름. 다윗 혈통에 속한 자로 여호야긴 왕의 손자로도 언급됨. 유대인들의 본토 귀환을 허락하는 바사 왕 고레스의 칙령이 내리자, 스룹바벨은 예루살렘 총독으로 임명받고 제1차 포로귀환을 이끌었다. 대제사장 여호수아와 함께 활동하면서 성전 재건을 시작하였으나, 역사의 혹독함과 대적의 방해로 인해 16년간 건축을 중단했다. 학개와 스가랴 선지자의 격려로 희망을 가지고 성전 건축을 재개하여 완성하였다. 그래서 두 번째 지어진 성전을 '스룹바벨 성전'이라고도 부른다.

스바냐 Zephaniah 　'스바냐'는 '하나님이 숨기시다'라는 뜻. 유다 왕 히스기야의 후손(습 1:1)인 것으로 보아, 스바냐는 상당한 상류 계층의 예언자로 추측된다. 스바냐의 설교는 요시야 왕의 통치 기간 중에 행하여진 것으로서, 그는 예레미야보다 먼저 사역하였다. 스바냐서를 통해, 요엘이나 아모스와 같이, 심판과 축복의 날인 '여호와의 날'을 선포하였다.

실라 Silas 　'실라'는 '생각'이라는 뜻. '실루아노'는 로마식 이름. 고등교육을 받은 귀족 출신이었고 로마 시민권 소유자였다. 바울의 2차 전도여행에 바나바를 대신하여 동행하였고, 빌립보에서 바울과 함께 옥에 갇히기도 했다. 베뢰아에서 바울만 아덴으로 먼저 가고, 실라는 디모데와 함께 남아 어린 교회를 양육하는 역할을 했다. 고린도 사역 10년 후, 베드로의 사역에도 동역했다(벧전 5:12).

십보라 Zipporah   '십보라' 는 '한 작은 새' 라는 뜻. 미디안의 제사장 이드로(르우엘)의 딸로 모세의 아내이다. 게르솜과 엘리에셀 두 아들을 낳았다. 하나님의 사명을 받고 애굽으로 내려가는 모세를 하나님께서 죽이려 하자, 그 사건의 원인이 모세의 어린 아들이 아직까지 할례를 받지 못한 데 있는 것을 알고, 십보라가 차돌로 게르솜의 양피를 베어 모세의 앞에 던지며 "당신은 참으로 내게 피 남편이로다" 라고 말하여 모세의 생명을 구했다. 그녀는 아이들을 데리고 친정아버지에게 돌아갔다가 후에 다시 모세를 만나게 된다.

십브라와 부아 Shipbrah, Puah   애굽 왕 바로가 히브리인들의 인구 팽창을 막기 위해 유아학살정책을 세웠을 때, 바로의 명령으로 그 역할을 맡은 히브리 산파들이었다. 바로는 남자 아기가 나오면 무조건 죽이라고 명령하였지만, 십브라와 부아는 바로의 명을 거역하고, 히브리 사내아이를 죽이지 않고 살렸다. 히브리 여인들은 애굽 여인들보다 건강하여 산파가 도착하기 전에 해산하더라고 지혜롭게 바로의 명령을 회피한 두 사람은 하나님께 축복을 받았다.

아나니아 Ananiah   '아나니아' 는 '시온' 이라는 뜻. 다메섹에 사는 그리스도인으로, 어느 날 다메섹의 직가라 하는 거리에 가서 사울에게 안수하라는 하나님의 음성을 받았다. 그리스도인들을 박해하는 사울에 대해 익히 소문을 들어 알고 있던 아나니아였지만, 하나님의 말씀대로 가서 사울에게 안수하였다. 그때 사울의 눈에서 비늘 같은 것이 벗어져 보게 되었다(행 9:10-17).

아라우나 Araunah   '아라우나' 는 '송아지' 라는 뜻. 여부스 사람으로, 역대상 21

장 25절에 나오는 '오르난' 과 동일한 인물. 자신이 소유하고 있던 예루살렘의 모리아 산에 있는 타작마당을 다윗의 요청을 받고 팔았다. 하나님의 뜻에 어긋나는 인구조사 감행으로 하나님의 재앙을 받은 다윗이 이 아라우나의 타작마당에서 온역을 그치게 하기 위한 제사를 드렸다(삼하 24:18-25). 이 장소에서 이후 솔로몬이 성전을 짓는다(대하 3:1).

아벨 Abel '아벨' 은 '숨, 생기' 의 뜻. 아담의 둘째아들이며 가인의 동생(창 4:1-8). 형 가인이 땅의 소산을 하나님께 드렸을 때, 아벨은 양의 첫 새끼와 그 기름을 제물로 삼아 제사하였다. 하나님께서 아벨의 제사만을 열납하셨고, 이 일로 인해 형 가인에 의해 죽임을 당하고 말았다. 예수님은 이 사건을 의인의 첫 번째 순교로 소개하고 있다(마 23:35).

아볼로 Apollos '아볼로' 는 '침략자' 라는 뜻. 학문이 발달한 알렉산드리아 출신 유대인으로, 일찍부터 성경에 능했던 그는 전도여행을 다니며 복음을 전파했다. 그러다가 에베소에서 브리스길라와 아굴라를 만나 하나님의 도를 더 자세히 배우게 되고, 고린도교회의 목회자로 부임했다. 많은 신자들을 그를 따르게 되자 본의 아니게 교회 안에 파당 문제를 만들고 말았다. 이 문제를 가지고 바울과 의논하였고, 고린도교회로 돌아가라는 바울의 권유를 거절했지만, 후에는 고린도교회로 돌아가 그곳에서 주교가 되었다고 전해진다.

아비가일 Abigail '아비가일' 은 '내 아버지가 기뻐하신다' 라는 뜻. 마온 사람 나발의 아내이며, 총명하고 아름다운 여인이었다. 탐욕스럽고 악한 남편 나발이 다윗의 원조 요청을 거절하고 모욕한 일로 다윗이 나발을 치러 온다는 소식을 듣고, 예물을 준비해 찾아가 다윗 앞에 엎드려 대신 용서를 빌면서 다윗의 명예를 생각하라고 지혜롭게 권고하였다. 이 일로

나발은 며칠 후 하나님의 심판으로 죽었고, 아비가일은 다윗의 호의를
받아들여 다윗의 아내가 되었다.

안나 Anna   '안나' 는 '은혜' 라는 뜻. 아셀 지파 사람 바누엘의 딸로, 결혼 7년
만에 남편이 죽은 후, 성전에서 84년간 봉사하며 살았다. 구세주의 강
림을 믿고 기다리던 그는 마리아와 함께 예루살렘 성전에 들어온 아기
예수를 만나는 영광을 얻었다. 그리고 사람들에게 아기 예수에 대한 기
쁜 소식을 전했다(눅 2:38).

안드레 Andrew   '안드레' 는 '남성적' 이라는 뜻. 열두 제자 중 한 사람으로서 사
도 베드로의 형제이며 벳새다 출신의 어부였다. 처음에는 세례 요한의
제자였으나 예수님을 만난 직후 그분을 따랐으며, 베드로에게 예수님
을 소개했다. 오병이어를 가진 소년을 예수님께 인도했던 제자이기도
하다(요 6:8-9).

에바브로디도 Epaphroditus   '에바브라디도' 는 '아담하다' 라는 뜻. 빌립보교회의
교우로서 바울이 로마 감옥에 1차로 갇혀있을 때에 빌립보교회의 대표
로 바울을 위한 비용을 가지고 왔던 사람이다(빌 4:18). 바울은 그를
가리켜 "우리의 형제", "우리와 같이 고생한 자" "그리스도를 위하여 자
기 목숨을 아끼지 않는 자"라고 평가했다(빌 2:25-30). 로마에 왔을 때
병들어 죽게 되었으나 회복되어 바울의 기쁨이 되었다. 골로새와 히에
라볼리에 교회를 세웠던 '에바브라' 와는 다른 사람이다.

엘가나 Elkanah   '엘가나' 는 '하나님께서 소유하셨다, 하나님께서 창조하셨다'
라는 뜻. 고핫의 자손이며, 에브라임 산지 라마다임소빔에 살았다. 그
에게는 한나와 브닌나라는 두 아내가 있었는데, 자녀가 없어 괴로워하
는 한나를 더욱 사랑하며 위로하는 따뜻한 마음의 소유자였다. 매년 하

나님의 성소가 있는 실로에 올라가서 하나님께 경배하였는데, 사무엘을 얻었을 때, 한나의 서원대로 아들을 하나님께 바쳤다. 후에 한나를 통해 세 아들과 두 딸을 얻는 복을 누렸다.

엘르아살 Eleazar '엘르아살'은 '하나님이 돕는 자'라는 뜻. 아론의 셋째아들로 아론의 뒤를 이은 대제사장이다. 자신의 형들이었던 나답과 아비후가 하나님께 불순종한 죄로 불에 타서 숨지자, 장자권을 얻었다. 여호수아를 모세의 후계자로 안수하였고, 여호수아와 함께 가나안의 땅을 분배하는 역할도 감당하였다.

엘리사벳 Elisabeth '엘리사벳'은 '하나님의 맹약'이라는 뜻. 아론의 후손으로 제사장 가문 출신이며, 제사장 사가랴의 부인으로서 세례 요한의 어머니이다. 예수님의 모친 마리아와는 친족 사이였다. 자식이 없음을 늘 안타깝게 여기다가 천사의 예언대로 아들을 낳아 요한이라 이름 지었다. 요한을 낳기 몇 달 전에 마리아가 찾아왔을 때, 태중의 아이가 뛰노는 것을 느끼고, 성령의 충만함을 입어 마리아를 축복하였다(눅 1:41-45).

오바댜 Obadiah '오바댜'는 '주의 종, 주의 경배자'라는 뜻. 그의 이름 외에는 전혀 다른 기록이 남아 있지 않다. 바벨론에 의해 예루살렘이 함락될 때, 에돔 족속들이 바벨론에 협력하였던 일을 들어 에돔 족속의 심판을 예언하였으므로 B.C.586년경 전후에 활동한 것으로 추측된다. 에돔에 대한 강도 높은 심판과 더불어 유다의 회복에 대한 소망을 함께 선포하였다.

오벳에돔 Obed-edom '오벳에돔'은 '에돔 신의 하인, 에돔 신의 예배자'라는 뜻. 가드 출신 블레셋 사람이다. 다윗이 법궤를 옮겨오기 위해 수레에 법궤를 실고 가던 중, 수레를 끄는 소들이 날뛰므로 법궤를 잡으려 했던 웃사가 그 자리에서 죽자, 다윗은 행사를 중단하고 법궤를 오벳에돔의 집에 두었다(삼하 6:1-10). 3개월 동안 법궤는 그곳에 머물러 있었는데, 그로 인해 그는 큰 복을 받았고, 이 소식을 들은 다윗이 다시 하나님의 율법대로 레위 자손들과 함께 법궤를 옮기게 된다.

오홀리압Oholiab '오홀리압'은 '아버지는 나의 장막'이라는 뜻. 단 지파 아히사막의 아들. 하나님께서 성막을 짓게 하기 위하여 그에게 지혜로운 마음으로 충만하게 하셨으며, 가르치게 하시고, 여러 가지 일을 하게 하셨다. 브살렐과 함께 성막 건축과 기구 제작자로 부름 받은 그는 특별히 직조와 자수 놓는 일, 조각하는 재능이 탁월하여서 금속과 보석, 목재를 다루는 데 능하였던 브살렐과 함께 협력하여 성막 짓는 데 봉사하였다.

옷니엘Othniel '옷니엘'은 '하나님은 힘이시다'라는 뜻. 갈렙의 조카이며 그나스의 아들로서 이스라엘의 첫 번째 사사이다. 옷니엘은 기럇세벨이라고 불리는 드빌을 정복한 공로로 갈렙의 딸 악사를 아내로 맞이하였다(삿 1:12-13). 메소보다미아 왕 구산리사다임과 싸워 이스라엘을 해방시키고 40년간 사사로 활약했다 (삿 3:8-11).

요게벳Jochebed '요게벳'은 '여호와의 영광'이라는 뜻. 레위 가문의 여인이며 미리암과 아론과 모세의 어머니. 바로 왕이 갓 태어난 히브리 남자아이들을 나일 강에 버리라고 명했을 때, 아이(모세)를 낳아 석 달간 숨겼다가 상자에 담아 나일 강에 띄워 보냈다. 그 아이를 바로 왕의 딸이 건졌을 때, 그의 딸인 미리암의 꾀로 모세의 유모가 되어 아들을 키우게 되었다. 아마도 모세에게 히브리인의 정체성과 하나님에 대해 가르친 사람이 바로 어머니 요게벳이었을 것이다.

요시야 Joslah '요시야' 는 '여호와가 도와주신다' 는 뜻. 아몬 왕의 아들로서 8
살에 왕위에 등극하였고, 31년간 남유다를 통치하였다. 요시야는 다윗
을 본보기로 삼아 전심전력을 다해 하나님을 섬겼던 선한 왕이었다. 모
든 우상숭배를 근절하고, 성전을 수리했으며, 율법책을 발견한 후 모든
백성들과 함께 유월절 절기를 지켰다. 므깃도에서 벌어진 애굽과의 전
투에서 전사하였다(왕하 23:29-30).

요엘 Joel '요엘' 은 '여호와는 하나님이시다' 라는 뜻. 르우벤 지파 브두엘의
아들로서 예루살렘 출신 예언자이다. 요엘은 요아스 왕이 통치하던 시
대에 남왕국 유다에서 활동했을 것으로 추측되며, 장차 메뚜기와 곤충
에 의해 다가올 혹독한 재난과 기근을 피할 길은 오직 회개뿐이라고 강
조하였다.

우리아 Urias '우리아' 의 본래 이름은 '아리야' 이며 '여호와는 빛이시다' 라는
뜻. 헷 족속(히타이트) 사람으로 다윗 군대의 30 용사 중 한 사람이었
다. 우리아의 아내를 범한 다윗 왕이 자신의 범죄를 숨기기 위해 그를
전쟁터에서 소환하여 집에 가게 했지만, 왕의 명을 거절하고 편안한 쉼
을 거부했던 훌륭한 군인이었다. 결국 다윗의 계략에 의해 맹렬한 전쟁
터에서 전사하고 말았다.

이드로 Jethro '이드로' 는 '유명하다' 라는 뜻. '르우엘', '호밥' 이라고도 불림.
겐 족속에 속하며 미디안의 제사장이었다. 애굽인을 죽이고 광야로 도
망나왔던 모세가 그의 딸 십보라와 결혼하여 모세의 장인이 되었다. 출
애굽 이후, 이드로가 모세의 아내와 아이들을 데리고 시내 산으로 찾아
왔으며, 모세의 간증을 듣고 하나님을 찬양했다. 또한 모세에게 유능한
사람들을 중간지도자로 세워 백성을 재판하는 일을 분담하라는 지혜로
운 충고를 했던 사람이기도 하다.

이새 Jesse　'이새' 는 '주의 선물' 이라는 뜻. 다윗 왕의 아버지요, 보아스의 손자이며 베들레헴에 살던 부유한 농부였다. 사무엘이 자신의 막내아들 다윗에게 기름을 붓는 것을 보았으며, 사울 왕의 명으로 다윗을 수금을 타는 악사로 궁에 보내기도 했다. 세 아들의 안부를 묻기 위해 다윗을 전쟁터로 보낸 것이 다윗이 골리앗을 죽이고 전쟁을 승리케 하는 계기가 되었다. 예수님의 족보에 조상으로 기록되는 영예를 누렸다.

하박국 Habakkuk　'하박국' 은 '포용하다, 껴안다' 라는 뜻. 하박국 선지자에 대해서는 아무런 사항도 기록되어 있지 않아, 그의 저서인 하박국서를 통해 추론할 수 있는 것을 제외하고는 알려진 바가 없다. 그는 불의하고 비도덕적인 세력이 통치하는 세계에서 의인이 당하는 고난에 대해 하나님께 토로하였으며, "의인은 믿음으로 말미암아 살리라" 라는 깨달음을 얻었다. 이 하박국서의 주제는 종교 개혁과 루터의 개혁 이념이기도 하였다.

학개 Haggai　'학개' 는 '나의 절기, 즐거운 축제일' 이라는 뜻. 바벨론 포로 기간 중 바벨론에서 태어나 페르시아 고레스 왕의 조서 발표 이후, 총독 스룹바벨이 유대인들을 이끌고 귀환할 때 함께 귀환했다. 사마리아인들의 방해로 성전 건축이 중단된 채 16여 년의 세월이 흘러갔을 때, 이스라엘 재건 공동체의 무관심과 나태를 지적하고, 성전 건축 재개를 권고하는 사역을 감당했다.

호세아 Hosea　'호세아' 는 '여호와는 구원이시다' 라는 뜻. 잇사갈의 21대 자손이며 브에리의 아들. 이사야, 아모스, 미가 선지자와 동시대 인물이며, 여로보암 2세 때 중심적으로 예언 활동을 하였다. 하나님의 명을 좇아 음란한 여인 고멜과 결혼하여 삼남매를 낳았고, 남편과 자식을 떠나 죄를 짓는 고멜을 돌이키기 위해 끝까지 노력하는 가운데, 이스라엘을 향한 하나님의 사랑을 깨닫고 체험하였다. 죄를 범하는 이스라엘을 향해 하나님께로 돌아가자고 외쳤던 사랑의 선지자였다.

히람Hiram '히람(후람)'은 '높이 들린 자의 형제'라는 뜻. 지중해 동안에 위치한 항구도시이며 페니키아의 수도였던 두로의 왕이었다. 다윗이 왕위에 오른 것을 알고, 두로의 특산품인 백향목과 일꾼들을 보내 다윗 궁을 지어주게 했으며 다윗을 존경하고 사랑했다(왕상 5:1). 또한 다윗에 대한 우정을 기반으로 솔로몬 시대에도 성전을 건축할 때, 일꾼과 건축 자재, 돈을 보내어 건축을 도왔다.

힐기야Hilkiah '힐기야'는 '여호와는 나의 유업'이라는 뜻. 그핫 자손 살룸의 아들이며, 유다 왕 요시야 시대의 대제사장이었다. 요시야 왕이 종교 개혁을 단행할 때, 옆에서 전심으로 왕을 도우며 대제사장으로서 그 개혁을 주도하였다. 성전 보수 공사를 감독하다가 모세의 율법책을 발견 하였는데, 이 율법책을 근거로 요시야 왕은 제2차 종교개혁을 더욱 과 감히 단행할 수 있었다(왕하 22:8-23:27).